LE

SIÉGE DE VERDUN

EN 1870

Paris. — Imprimerie de J. DUMAINE, rue Christine, 2.

LE

SIÉGE DE VERDUN

EN 1870

PAR

Maxime LEGRAND

Extrait du **Journal des Sciences militaires.**

(Juillet-Août 1878.)

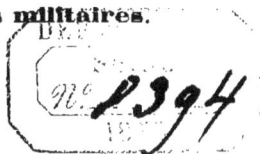

PARIS

IMPRIMERIE ET LIBRAIRIE MILITAIRES

J. DUMAINE

30, RUE ET PASSAGE DAUPHINE, 30

1878

LE SIÉGE DE VERDUN

(1870).

Avant le traité de 1871, l'invasion entrait sur notre territoire par la trouée de Sarreguemines, que l'éternel ennemi de la France s'était ménagée en 1815 pour faire tomber les Vosges ; mais elle ne tardait pas à rencontrer l'importante ligne de la Moselle, fortifiée par les places de Toul, Metz et Thionville. Aussi, non contents de nous enlever l'Alsace et la majeure partie de la Lorraine, les Allemands n'ont pas manqué de disposer, entre Metz et Longwy, une nouvelle trouée qui leur permettrait de prendre à revers la Moselle supérieure. Au début des hostilités, nous serions donc ramenés en arrière, par une seule marche, dans la plaine de la Woëvre et rejetés sur la ligne de la Meuse.

Du plateau de Langres se détache une chaîne de hauteurs qui court vers le nord par Neufchâteau, Commercy, Verdun. Après ces contrées, elle s'infléchit vers le nord-ouest par Dun et se relie aux Ardennes. Cette chaîne, dénommée Monts de la Meuse et Argonne orientale, présente une suite de plateaux boisés dont l'altitude constante de 350 et 400 mètres domine le bassin de la Moselle, la plaine de la Woëvre et la région basse du Chiers inférieur. Au revers occidental de ces hauteurs, à une distance de 8 et 10 kilomètres des crêtes, coule la Meuse, qui est un obstacle dans la plus grande partie de son cours et possède des ponts distants de 15 et 20 kilomètres. Le défenseur de l'Argonne orientale peut manœuvrer derrière les hauteurs et les bois, courir entre ses ailes par les routes de la vallée, la voie ferrée de Neufchâteau à Verdun. Il se couvre ensuite de la rivière et trouve sur la rive gauche une nouvelle chaîne parallèle à la première. C'est l'Argonne occidentale [1].

---

[1] Ces deux chaînes sont comprises dans les six lignes concentriques, crêtes défensives, qui présentent des fronts stratégiques à l'invasion depuis la Moselle jusqu'à Paris, réduit central. Les ingénieurs Dufrénoy et Elie de Beaumont ont exposé, en 1842, cette disposition favorable des territoires de l'Est. Le général Berthaut a publié une étude savante sur la défense de la frontière nord-est. (Paris, Dumaine, 1873.)

COUPE DES DEUX ARGONNES, PAR VERDUN,

DE LA PLAINE DE LA WOÊVRE A LA VALLÉE DE L'AIRE,

d'après Dufrénoy et Élie de Beaumont
(*Explication de la carte géologique de France*, Paris, 1842).

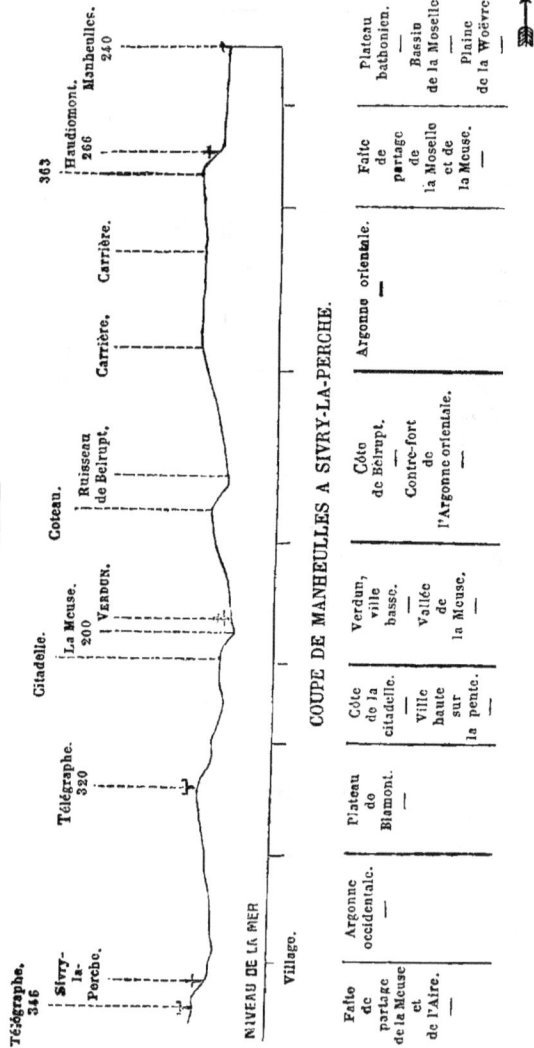

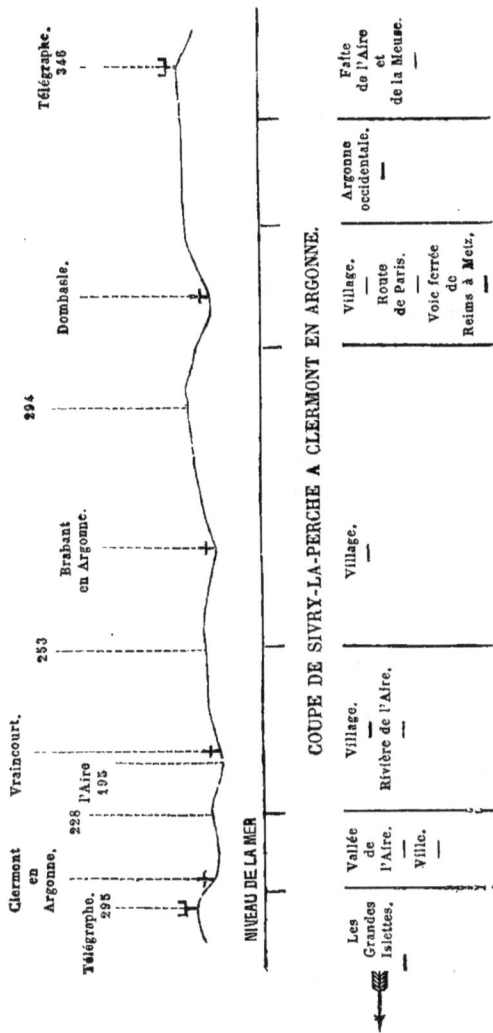

ALTITUDES.

COUPE DE SIVRY-LA-PERCHE A CLERMONT EN ARGONNE.

Entre les deux Argonnes et sur la Meuse, à la hauteur de Metz, observant la trouée de Briey, interceptant la route de Paris, s'élève Verdun, cité commerçante et industrieuse de quatorze mille âmes. Hier place de deuxième ligne et de second ordre, aujourd'hui ville frontière, réduit et dépôt de la défense des Argonnes, cette forteresse emprunte à notre démembrement une importance peu commune. Le destin lui réserve l'honneur d'être l'un de nos principaux boulevards au cours de la prochaine guerre que médite « l'ennemi héréditaire. » Il n'est donc pas inutile de rappeler son passé militaire et de préciser les faits accomplis sous ses murs pendant la dernière campagne. C'est le siége de 1870 que nous entreprenons de raconter.

Verdun paraît et disparaît tour à tour dans l'histoire. Son importance civile et guerrière est intermittente, car les courants commerciaux et belliqueux la négligent et la contournent fréquemment par le nord (Namur, Liége, Bruxelles) ou par le sud (Nancy, Bar-le-Duc, Châlons)[1]. La cité de *Verodunum* fut inscrite sur l'itinéraire d'Antonin. Une voie romaine, dont les vestiges subsistent encore, la réunissait à Metz. Pendant les invasions barbares, le chef prussien Clovis l'assiége et la réduit. En 842, les héritiers de Charlemagne se réunissent dans ses murs pour partager l'empire. Le traité de Verdun constitue la France jusqu'à la rive gauche de la Meuse. L'Allemagne commence sur la rive droite. Ville frontière, Verdun est constamment disputée par les deux nations rivales et voisines. Elle nous appartient enfin lorsque Henri II prend possession des Trois-Evêchés. Cette place est inutile aux guerres de Louis XIV. Les Allemands et les Anglais passent par les plaines belgiques pour suivre les routes de l'Oise et de la Somme. Mais, en 1792, l'armée prussienne, arrivant par Luxembourg, perce la ligne des forteresses ardennaises en prenant Longwy et se dirige sur Verdun. On sait que Dumouriez, déjà posté à Sedan pour observer le siége de Longwy et déjoué par une reddition prématurée, exécuta en remontant la rive gauche de la Meuse une marche parallèle à son adversaire, se rapprocha de Verdun, et ne fut pas plus heureux. Son armée disputa quelques jours l'Argonne occidentale. Un mouvement tournant le ramena dans la Champagne.

Lorsque la route et le chemin de fer de Paris à Metz, par Reims et Sainte-Menehould, descendent dans la vallée de la Meuse, ils la

---

[1] Les défilés du sud, entre le plateau de Langres et Commercy, donnent accès dans la Champagne. Le pays plat de la Belgique tournant les Ardennes septentrionales, ouvre des routes naturelles pour la Flandre française et la Picardie. Les passages de l'Argonne sont artificiels.

traversent au milieu d'un vallon évasé constitué par la disposition circulaire des contre-forts venant de l'ouest et de l'est, de l'Argonne occidentale et de l'Argonne orientale. Dans ce cirque naturel est enfermée la ville qui nous occupe. Des plateaux de la rive gauche se détache une colline sur laquelle s'élèvent la citadelle, l'évêché, la cathédrale, la ville haute qui couvre les pentes jusqu'au lit de la Meuse. Dans la plaine, la ville basse est sillonnée par les trois bras entre lesquels se partage la rivière avant d'entrer dans Verdun. Au sud-est, le faubourg Saint-Victor prolonge la cité sur la route méridionale de Metz par Haudiomont et Mars-la-Tour.

L'inégalité du terrain, la configuration particulière de la place, dont les deux parties, ville haute et ville basse, forment entre elles angle droit, l'emploi des eaux pour sa défense, ont déterminé une fortification irrégulière, apte néanmoins à déjouer longtemps les efforts d'une attaque pied à pied. Le premier projet d'entourer Verdun d'une enceinte moderne a été conçu sous Henri II, après l'acquisition des Trois-Evêchés. Il fut réalisé par Henri IV. La citadelle appartient au système d'Errard. En 1682, Vauban remania et compléta les travaux de ses prédécesseurs. Au dix-neuvième siècle, le génie français a créé un système de mines devant le front Saint-Victor.

La citadelle est un grand ouvrage à sept bastions inégaux dont les courtines sont précédées par des demi-lunes, les escarpes élevées, les fossés bien flanqués. Un cavalier constitue sur tout son pourtour un retranchement intérieur. Outre plusieurs bâtiments pour l'administration, l'artillerie, les troupes, on y trouve une caserne à l'épreuve, une caserne-abri[1], des galeries d'escarpe. Indépendante de Verdun dont la sépare une esplanade, la citadelle peut soutenir un siége particulier après l'occupation de la ville. Son élévation lui permet de protéger au nord le rempart bastionné qui couvre la haute ville, devant la plaine de Thierville jusqu'à la basse Meuse (quartier Saint-Paul, fronts 1, 2, 3 et 4). Au sud, elle domine le terrain réservé à l'inondation et le mur de la basse ville qui fait face à l'ouest (quartier Saint-Nicolas, fronts 24-22).

Les trois bras de la Meuse, dont les eaux s'écoulent du sud au nord, sont arrêtés en entrant dans la place (front de l'ouest) par des barrages qui forcent la rivière à couvrir, sur une étendue de 1500 mètres, l'angle compris entre le sud de la citadelle et les fronts de l'ouest. Le bras de droite (canal Saint-Aire) sépare la ville basse du faubourg Saint-Victor, et vient ensuite longer intérieure-

---

[1] En 1870, cette caserne, adossée au terrassement intérieur du front sud, se trouvait en construction. La face exposée aux coups plongeants du nord et de l'ouest n'était pas terminée.

ment le rempart bastionné de l'est (fronts 12, 29, 28, 27), derrière
lequel il forme une seconde ligne de défense assurée en partie par
un mur crénelé. On peut en outre utiliser ses eaux pour remplir le
fossé extérieur. Le bras principal traverse le centre de la ville. Le
bras de gauche (canal Saint-Vannes) baigne le pied des hauteurs
sur lesquelles se développent la citadelle et la ville haute. La rivière
se réunit ensuite derrière la porte Chaussée (bastion 27) qui est une
tête de pont. Les eaux se prolongent jusqu'au bastion 4 (front
Saint-Paul) dont elles remplissent le fossé, et quittent enfin la ville,
s'écoulant vers les villages de Thierville et Belleville, Charny et
Bras.

La forme allongée du faubourg Saint-Victor a permis de l'enfermer
dans un ouvrage à cornes qui se relie à l'enceinte de la ville basse.
Saint-Victor se trouve en saillie au sud-est. Ses fossés sont secs. Sa
contrescarpe est revêtue. Un système permanent de contre-mines en
défend les approches.

« Les parties nord et ouest de l'enceinte de Verdun, dit la section
« historique de l'état-major allemand, s'appuyaient d'un côté à la
« citadelle, construite en avant de la face ouest, et d'autre part à
« l'ouvrage Saint-Victor, établi en saillie au sud-est. Les défenses
« des fronts sud-ouest, moins fortes par elles-mêmes, étaient flan-
« quées par les ouvrages précités et se trouvaient protégées en
« outre par leur situation dans la zone inondable de la vallée de la
« Meuse. Cette dernière rivière, non guéable, se partage en amont
« de la ville en plusieurs bras dont les eaux ne peuvent être amenées
« que dans les fossés de l'enceinte elle-même ; mais la citadelle,
« aussi bien que l'ouvrage à cornes, ne s'en trouvaient pas moins,
« eux aussi, parfaitement garantis contre l'escalade par le bon
« état et l'élévation de leurs escarpes[1]. »

Suivant Gœtze « Des manœuvres d'eau compliquées assurent aux
« fortifications de Verdun un haut degré de sécurité contre les
« attaques de vive force, et permettent de remplir d'eau les fossés
« de la haute et de la basse ville, indépendamment des inondations.

« Avec ses hautes escarpes et ses fossés bien flanqués, la cita-
« delle peut être considérée comme à l'abri d'une attaque de vive
« force.

« La haute ville, entre la citadelle et la basse Meuse, est fermée
« par deux fronts sensiblement en ligne droite, appartenant au
« premier système de Vauban. Les escarpes seules sont revêtues et
« les fossés peuvent être inondés.

« La ceinture de la basse ville forme deux lignes de défense : une

---

[1] *La Guerre franco-allemande*, IIe partie, 12e livraison, traduction COSTA DE
SERDA. — Paris, Dumaine.

« ligne bastionnée extérieure en avant de la Meuse et du canal, et
« un mur crénelé servant de retranchement intérieur (fronts de
« l'est).

« Saint-Victor est un ouvrage à cornes à la Vauban, avec escarpe
« et contrescarpe revêtues. Un système de mines extrêmement
« étendu donne une grande valeur à cette fortification [1]. »

Le commandement et la proximité des hauteurs environnantes
qui s'élèvent à cent et cent vingt mètres au-dessus de la vallée, dimi-
nuent la force de la place. Les hautes collines dont elle est entourée
permettent de la canonner avec avantage, de faire brèche à ses
escarpes qu'on voit jusqu'au pied, d'entamer ses écluses incom-
plétement défilées.

Sur la rive gauche, au sud-ouest, la côte Saint-Barthélemy, altitude extrême 310 mètres, domine la branche droite de Saint-Victor,
la partie de l'enceinte couverte par l'inondation (altitude de la zone
inondable, 204 mètres) et les bastions sud-ouest de la citadelle (fronts
70, 68, 66). La distance pour l'artillerie est de 3,000 mètres.

L'étroite vallée de la Scance [2], dans laquelle est bâti le village de
Regret et courent parallèlement la route de Paris et le chemin de
fer, sépare la hauteur de Saint-Barthélemy du plateau de Blamont,
dont l'action est prépondérante sur le front ouest de la citadelle
(bastion 65). Ce plateau se prolonge par le contre-fort des Heyvaux,
dont la pente vient mourir aux hameaux de Glorieux et de Jardin-
Fontaine, qui bordent le glacis. Elévation, 320; distance d'artillerie,
3,000 mètres.

La plaine de Thierville et la basse Meuse se trouvent entre Bla
mont et la côte allongée de Saint-Michel, qui se dresse sur la rive
droite. Néanmoins, l'action de cette éminence se combine avec celle
des hauteurs que nous venons de quitter. Toutes les trois commandent la citadelle, qu'elles peuvent enfiler, prendre à revers,
accabler sous leurs feux convergents.

Le plateau de Saint-Michel, altitudes, 347, 300 , distances d'artillerie, 2,250, 2,500 mètres, domine en outre les bastions Saint-Paul
et la ville haute sur la rive gauche, ainsi que les fronts de l'est sur
la rive droite (porte Chaussée, fronts 27, 29).

Au pied de Saint-Michel se trouvent le village de Belleville, la voie
ferrée de Reims à Metz, la route septentrionale de Metz par Eix et
Etain [3].

---

[1] *Opérations du génie allemand*, tome Ier, traduction GRILLON et FRITSCH. —
Paris, Dumaine.

[2] Ce ruisseau, après avoir traversé Regret, longe le glacis de la forteresse, baigne
Glorieux, traverse la plaine de Thierville et se jette dans la basse Meuse.

[3] En 1870, la circulation sur la voie ferrée ne dépassait pas Verdun. Un pont

Au sud-est, les hauteurs de Belrupt et Haudainville, altitude, 329 mètres, distances, 3,000, 2,500, commandent Saint-Victor. Entre les villages de ce nom circule la route méridionale de Metz par Haudiomont et Mars-la-Tour.

Au sud, la Meuse commence à courber ses ondes pour la navigation.

Les Allemands ont caractérisé cette situation de la manière suivante :

« Verdun est dominée de tous côtés par des coteaux d'un assez
« fort relief, couverts de vignes sur les versants qui font face à la
« ville, et généralement boisés à leur partie supérieure. La côte
« Saint-Michel, distante de deux kilomètres environ du front nord,
« permettait d'embrasser entièrement du regard l'intérieur de la
« ville et de la citadelle ; les villages situés au pied des hauteurs
« ménageaient en outre à l'assaillant la faculté de s'embusquer aux
« abords immédiats des remparts[1]. »

« De grands bois, dit Gœtze, situés principalement au sud-ouest,
« et de nombreux plis de terrain fournissent d'excellents couverts
« pour l'assiégeant. Sur la rive droite, les hauteurs forment une
« ceinture qui touche presque aux fortifications du côté du sud[2] et
« s'en éloigne davantage au nord et à l'est. Elles sont découpées
« par de nombreux ravins aux flancs escarpés et sont en grande
« partie boisées. Toute cette région, au moins à l'est et au sud-est,
« est à peu près impraticable pour les grands mouvements de
« troupes en dehors des routes frayées. En revanche, elle offre par-
« tout, pour les batteries, d'excellentes positions bien couvertes et
« d'un facile accès. »

La citadelle n'a que deux portes intérieures ouvrant sur la ville.

La place en compte quatre : la première au pied du front sud de la citadelle, devant le plateau boisé de Saint-Barthélemy, route riveraine de l'inondation ; la seconde, porte de France, au pied du front nord du même ouvrage, donnant sur la plaine de Thier-

---

sur la basse Meuse était terminé. Belleville est à 3 kilomètres de la place, distance réelle. La gare, entre la place et Thierville, rive gauche.

[1] Relation de l'état-major prussien.

[2] Dans la donnée naturelle d'une invasion par la frontière nord-est, et de l'arrivée de l'assiégeant, vainqueur de Metz, par la route de Mars-la-Tour et Haudiomont, comme en raison de la proximité des derniers contre-forts de Belrupt, le génie français avait voulu assurer le front sud-est (Saint-Victor) par le système de contremines que nous avons relaté. Mais Gœtze dit avec raison : « La citadelle est la « clef de la place ; elle deviendra toujours le premier objectif de l'attaque, toutes « les fois que des considérations stratégiques n'imposeront pas l'obligation de « placer le parc de siége sur la rive droite de la Meuse. » En 1870 comme en 1792, les Prussiens arrivèrent par le nord.

ville, route de Paris tournant à l'ouest par la vallée de la Scance et passant devant le plateau de Blamont (hameaux de Glorieux et Jardin-Fontaine, village de Regret, ferme de Baleycourt); au delà de la vallée, villages de Nixeville, Blercourt, Dombasle, ville de Clermont-en-Argonne, à 29 kilomètres; sur la rive droite et pour la ville basse, la troisième, porte Chaussée, devant Belleville et la côte Saint-Michel, route septentrionale de Metz tournant à l'est pour franchir l'Argonne orientale (faubourg Pavé, ferme de la Renarderie, défilé de Bois-Brûlé, ville d'Eix, Etain, Gravelotte); la quatrième, au front sud-est (Saint-Victor), route méridionale de Metz (ferme de la Grimoirie, village de Belrupt, Argonne orientale, défilé d'Haudiomont, Mars-la-Tour, Gravelotte); route de Saint-Mihiel et Commercy, riveraine de la Meuse (villages de Belleray, Dugny, Dieue [1]).

En 1792, l'armée prussienne, venant de Longwy, parut devant Verdun. La place était défendue par 3,500 soldats, des gardes nationaux et 32 canons. Douze heures de bombardement, quelques maisons brûlées, des habitants blessés, décidèrent la capitulation. Le commandant de Verdun avait été appelé à l'armée active. Il n'était pas encore remplacé. Le lieutenant-colonel Beaurepaire, par raison d'ancienneté et au refus de plusieurs officiers, consentit à remplir l'intérim. Il se croyait à peine le droit de donner des ordres. La population s'agitait. Les femmes criaient. Le conseil de défense était irrésolu. Le conseil municipal intervint [2]. Beaurepaire, troublé, se tua. Il eût mieux fait d'agir énergiquement, de renvoyer les bourgeois dans leurs maisons, le conseil municipal en son hôtel de ville et le conseil de défense aux remparts. Le chef de bataillon, depuis général Lemoine, fit entrer la garnison dans la citadelle et obtint de sortir avec armes, bagages et la faculté de combattre. Le capitaine Marceau comptait parmi les défenseurs de la place.

En 1815, Verdun s'épargna les ennuis d'un blocus en livrant son pont à la circulation des troupes et des convois de l'armée coalisée. La transaction fut ingénieuse, mais il n'est peut-être pas très-utile d'ériger des fortifications pour les laisser traverser par l'ennemi sans coup férir.

En 1867, l'une des commissions militaires chargées par le maré-

---

[1] En contournant l'inondation, on peut suivre depuis la première porte une route départementale qui longe la rive gauche et parvenir également à Belleray, Dugny, Dieue, Villers-sur-Meuse, Saint-Mihiel et Commercy.

[2] Les municipaux commirent l'imprudence de se rendre au camp du roi de Prusse et lui représentèrent naïvement que le tir de ses canons endommageait leur cité. On les renvoya épouvantés par des menaces terribles.

chal Niel d'étudier notre système défensif, comprit que la citadelle de Verdun était la clef de la place. En effet, la prise de Saint-Victor et de la basse ville devait laisser l'assiégeant sur la rive droite de la Meuse, devant les pentes de la ville haute. Après le passage de la rivière et l'occupation des quartiers élevés, un rempart bastionné aurait encore défendu l'entrée de la forteresse, tandis que la citadelle, emportée tout d'abord, donnait immédiatement la ville. Or, le front ouest de l'ouvrage principal, bastions 65 et 66, complétement enfilé des deux rives de la Meuse, dominé par trois plateaux, compromis par la proximité de Glorieux et Jardin-Fontaine, ne pouvait résister à une attaque convergente. L'avis de la commission ne dissimula pas le défaut de cette position. Au surplus, la portée, la précision de l'artillerie nouvelle annulaient la puissance défensive des savantes combinaisons enfantées autrefois par nos ingénieurs. Pour rendre à Verdun son ancienne valeur, il aurait fallu couvrir son enceinte par des forts détachés. Placée entre deux lignes successives de défense stratégique, défendant l'un des passages de la Meuse, barrant une voie ferrée et des routes importantes, cette place méritait des travaux considérables. Au témoignage de Gœtze, qui a compulsé les archives de Metz, le génie français insista sur l'importance de Verdun. Malheureusement, il n'obtenait même pas l'autorisation d'exécuter des ouvrages indispensables autour de nos premiers boulevards, et ne put rien faire pour une forteresse qui se trouvait en seconde ligne derrière Metz, à la distance de 65 kilomètres. Deux siècles nous séparent de la glorieuse époque où un ministre énergique, passionné pour la grandeur de son pays, et un savant ingénieur, dont le noble caractère égalait le talent, conçurent et accomplirent le vaste projet d'assurer nos frontières en renouvelant toutes nos forteresses. Après eux, nous n'avons pas même su maintenir nos défenses à la hauteur des progrès naturels de la balistique, et notre infortuné pays a subi les conséquences de cette imprévoyance à jamais impardonnable. Quelle faute ! mais quelle leçon !

Lorsque la guerre de 1870 fut décidée, le gouvernement se préoccupa faiblement de la sûreté de Verdun. Le 9 juillet, le comité du génie demanda un rapport sur les travaux propres à mettre cette ville en état de défense, mais on ne se pressa pas de donner à ce premier mouvement la suite rapide que commandaient les circonstances. Il ne fut même pas répondu au chef du génie de la ville, qui demanda plusieurs fois des instructions. Les commandants de toutes les places de l'Est manifestaient l'intention d'organiser immédiatement la défense du poste confié à leur honneur, à leur prévoyance, à leur responsabilité. Une circulaire en date du 28 juillet refréna cette initiative malséante et ces velléités prétentieuses. Il fut interdit à toutes les villes fortes, même à Strasbourg, d'exécuter, dans l'étendue des zones de servitude, aucun travail qui pût porter atteinte à la propriété privée, comme aussi de tendre les inondations sans un ordre exprès du ministre ou d'un général commandant en chef. Cette malencontreuse interdiction faillit déterminer la perte de Verdun à la première apparition de l'ennemi.

Les Allemands étaient plus sages. Leur orgueil, la supériorité de leur nombre, l'excellence de leur organisation, ne les empêchaient pas d'obéir aux règles de prévoyance qui sont la sauvegarde des nations. « En même temps, rapporte Gœtze, que l'on donnait l'ordre « de mobiliser l'armée, on prescrivait l'armement d'urgence des « places maritimes. On arma, en outre, les places de Magdebourg, « Minden, Wesel, Cologne, Coblentz, Mayence, Sarrelouis et Ras- « tadt; enfin, on fit rapidement des préparatifs pour l'armement « éventuel des places de Silésie, telles que Glatz et Neiss. Ce der- « nier armement n'a pas été terminé.

« Les officiers qui restèrent dans ces places se consacrèrent avec « autant d'activité que d'abnégation à un service qui devait être « peu remarqué si la guerre était heureuse, mais qui aurait fait « peser sur eux la plus grave responsabilité en cas de revers. »

Le commandant du génie de Verdun, lieutenant-colonel Boulangé, eut, avant l'ouverture des hostilités, l'initiative de miner les ponts de la Meuse et de l'Aire. Les ouvertures des fourneaux étaient dissimulées de manière à les soustraire aux investigations de l'ennemi, si, au lieu d'utiliser ces passages, il lui convenait de les détruire. Aussi quand l'armée saxonne voulut plus tard faire sauter le pont de l'Aire, ignorant le travail du génie français, elle creva la voûte à la clef. Cependant, lorsque le gouvernement connut les précautions prises par le lieutenant-colonel Boulangé sur plusieurs points de sa circonscription, il lui fit défendre de poursuivre son entreprise [1].

---

[1] Le 26 août, le génie saxon reçut l'ordre de détruire à fond le chemin de fer de Verdun à Clermont. Il exécuta cet ordre en faisant sauter le pont d'Aubreville, qui a trois arches surbaissées de 13 mètres de portée; 125 kilogrammes de poudre suffirent pour renverser les trois arches.

Le 27, la marche du maréchal de Mac-Mahon, de Châlons vers le nord, impressionna le général en chef de l'armée allemande, dite de la Meuse, et le décida à faire sauter le pont de Sassey sur la Meuse, à 4 kilomètres de Dun, au nord de Verdun. On réussit à détruire l'une des arches en maçonnerie avec 125 kilogrammes de poudre. Mais le lendemain il fallut organiser un passage à côté du pont inutilement démoli.

Le 7 novembre, le génie prussien apprit ou devina les fourneaux préparés par les Français au commencement d'août, pour faire sauter le pont de Villers, sur la Meuse, au sud de Verdun. Ce pont, à tablier métallique, mesure 115 mètres de longueur. Une des piles renfermait deux fourneaux chargés de 75 kilogrammes de

La garnison de Verdun était médiocre. Elle comprenait le dépôt du 57e de ligne et celui du 80e qui fut dirigé sur la ville aux derniers jours de juillet. Epuisés par le prélèvement des hommes instruits qu'avaient réclamés leurs bataillons de guerre, ces deux dépôts présentaient un millier de conscrits, avec des cadres incomplets de quatrième bataillon, dont l'organisation était ébauchée dans tous les régiments. Les gardes mobiles de la Meuse, 1er et 2e bataillons, entrèrent dans la place le 2 août. Leur effectif ne dépassait pas 800 hommes par bataillon. Quelques officiers avaient servi. Les autres ignoraient les premières notions de l'instruction militaire. On dut les mettre à l'école de peloton. Deux batteries de gardes mobiles étaient chargées du service de l'artillerie. Leur instruction n'était pas plus avancée que celle des fantassins.

Le dépôt du 5e chasseurs à cheval comptait 250 recrues et 180 chevaux.

La place avait un commandant supérieur, général de brigade Guérin de Waldersbach, du cadre de réserve, rappelé à l'activité sur sa demande et entré dans Verdun le 24 juillet.

Telle était la situation quand les victoires imprévues des armées prussiennes vinrent frapper de stupeur une ville qui croyait déjà en pleine Allemagne nos troupes triomphantes. Cependant le gouvernement avait été obéi. La place n'était pas en état de défense. L'armement de sûreté n'était pas même au complet sur les remparts, et rien encore ne venait lever les précédentes interdictions, comme si l'on ne pouvait utiliser le télégraphe pour prescrire les travaux les plus urgents. Après l'imprévoyance et la présomption arrivaient le trouble et la démoralisation; les auteurs de la guerre demeuraient inertes, incapables, impuissants, devant la tempête qu'ils avaient eux-mêmes déchaînée. Aussi, la plupart ne songèrent, dès ce jour, qu'à se dérober par tous les moyens à l'opprobre et au châtiment du pays dont ils avaient surpris la confiance et compromis la cause.

Cependant le commandant du génie, nonobstant le défaut d'ordres et les prescriptions restrictives, avait, pendant les premiers jours d'août, jeté un peu de terre sur les nombreuses poudrières de la place, commencé des traverses défensives, des magasins de batteries, des abris de combat. Le commandant de l'artillerie, chef d'escadron Commeaux, voulait imiter l'activité de son collègue, mais il était entièrement dénué d'un personnel exercé. Au lieu d'artilleurs réclamés avec instance, il avait reçu l'autorisation de recruter dans

---

poudre. L'amorce était encore en bon état, et l'on n'aurait eu qu'à donner le feu pour détruire le pont. Les fourneaux furent déchargés. (GŒTZE, *Opérations du génie allemand.*)

la contrée les anciens militaires sortis de son arme, et en avait difficilement enrôlé sept. Aussi, les travaux qui lui incombaient se trouvaient singulièrement retardés [1]. Pour confectionner ses munitions, le commandant Commeaux avait demandé à la direction de Metz un atelier d'artificiers. Metz lui donna un sous-chef et le reprit au moment même où l'on tentait d'organiser sous sa surveillance un atelier de travailleurs civils. Les commandants du génie et de l'artillerie utilisaient les gardes mobiles et les conscrits des dépôts. L'instruction se trouvait ainsi suspendue avant d'avoir été commencée. Les gardes mobiles d'artillerie, chargés d'amener les pièces sur le rempart, n'en avaient encore manœuvré aucune.

Le 12 août, le commandant du génie reçut une copie de la délibération du comité des fortifications qui l'autorisait à entreprendre des travaux de défense. Le crédit était de 120,600 francs. La délibération avait été prise le 3 août. Il avait donc fallu 25 jours pour vérifier un projet élaboré à Verdun et 9 pour le retourner à l'agent chargé de l'exécuter. Tel est le résultat des complications hiérarchiques et des combinaisons centralisatrices. En même temps, la mise en état de siége de Verdun était notifiée. On se crut autorisé à tendre enfin les inondations et les écluses furent fermées. Un mois devait s'écouler avant que les fossés fussent remplis d'eau.

Il était indispensable de déblayer promptement les alentours de la place, car la défense était compromise par l'existence du faubourg Pavé, devant la porte Chaussée, des villages de Glorieux et Jardin-Fontaine, sur les glacis des fronts ouest et nord de la citadelle, d'habitations urbaines devant les bastions intérieurs de cette forteresse qui font face à la ville. Le lieutenant-colonel Boulangé demanda l'autorisation de les détruire. C'était ruiner leurs propriétaires. Le conseil de défense hésita devant les cruelles nécessités de la guerre, quoique la direction de Metz eût récemment prescrit de se conformer aux ordonnances militaires sur les zones de servitude. Le général prit un terme moyen. Il consentit à laisser miner quelques maisons du faubourg Pavé. On plaça dans leurs caves des barils de poudre de 100 kilogrammes amorcés, précaution insuffisante, car les Allemands auraient pu s'y loger, s'ils avaient compris leur importance, lorsqu'ils essayèrent d'entrer de vive force dans la place.

Une brigade de 50 bûcherons fut organisée pour abattre les

---

[1] Les instructions et les usages de l'artillerie limitaient l'action des chefs de service à ce point que le commandant de cette arme à Verdun n'osait, sans une lettre du ministre, se conformer à l'invitation du général Guérin, qui, vers la fin de juillet, voulait placer tous les canons sur le rempart. Il fallut un ordre écrit du commandant supérieur pour dégager la responsabilité du chef de service.

rideaux d'arbres qui s'alignaient sur la crête des hauteurs environnantes. Les habitants des propriétés voisines de la place durent
faire eux-mêmes disparaître les couverts propres à faciliter l'établissement des batteries de siége ou capables de gêner le tir du
défenseur.

L'invasion paraissait s'avancer avec une rapidité extraordinaire.
La cavalerie légère de l'armée allemande, lancée en avant avec une
intelligente audace, avait franchi la Moselle et se répandait dans
toutes les directions [1]. Le 13 août, le ministre de la guerre prescrivit par le télégraphe au génie de Verdun de détruire le pont de
Saint-Mihiel. Un garde et des ouvriers marchèrent le lendemain ;
les éclaireurs prussiens étaient déjà dans la vallée ; il fallut
se replier sans avoir accompli l'ordre ministériel. Une vive inquiétude s'empara des chefs de la garnison, qui se voyaient prochainement réduits à défendre avec des recrues sans instruction une
place mal fermée contre des masses victorieuses. Le général Guérin
de Waldersbach avait déjà présenté des observations et demandé
des vivres dont ses magasins étaient dépourvus ; il exposa nette-
ment sa situation critique à Paris et à Metz. Metz lui donna 27 mineurs et un officier. Paris expédia 50 hommes du 4e d'artillerie et
deux officiers. En même temps, les brigades de gendarmerie des
cantons environnants entraient dans la ville. Ces secours étaient
insuffisants, mais les hasards de la guerre devaient successivement
donner à Verdun les renforts que lui refusaient les difficultés du
moment et notre défectueuse organisation. Le 4e corps de l'armée
du Rhin avait concentré dans cette place son parc d'artillerie. La
rupture des communications ne lui permit pas d'en retirer la majeure partie. Une compagnie entière du train d'artillerie, deux officiers, 160 sous-officiers et cavaliers, avec des chevaux, du matériel,
des munitions, demeura dans la ville. Elle contribua aux travaux,
aux transports, à la défense.

Le commandant supérieur, investi des pouvoirs que lui conférait
l'état de siége, organisa les habitants capables de porter les armes
en garde nationale sédentaire. Elle compta quatorze cents inscrits.

---

[1] Cette cavalerie a déterminé l'épouvante, la confusion, les fausses mesures qui
ont porté un coup fatal à la défense du territoire au début de l'invasion. L'apparition de quelques lanciers allemands faisait croire à la présence d'une armée. Des
escadrons, battant l'estrade dans les plaines de la Champagne, ont fait fuir l'armée
de Châlons le 20 août, de Suippes à Reims. Le relevé des marches du prince royal
et le calcul des distances prouvent que les Allemands n'auraient pas été en mesure
d'attaquer nos concentrations de Châlons avant le 27 août. Cependant on entassait
soigneusement notre belle et nombreuse cavalerie dans les camps, derrière l'infanterie, sous le canon des forteresses.

On répartit ces miliciens en cinq compagnies d'infanterie, une compagnie d'artillerie (200 hommes) et une compagnie de pompiers (130 hommes).

La garnison continuait à mettre les canons en place, les pièces de 24 à la capitale des bastions, les pièces de 12 sur les faces, les canons lisses sur les flancs. La place possédait quinze pièces rayées de 24, vingt-cinq de 12, six de 4; vingt mortiers, sept de 27 centimètres, neuf de 22 centimètres, quatre de 15 centimètres. Les canons à âme lisse étaient au nombre de soixante et onze, vingt-deux de 16, vingt-quatre de 12, quatre de 8, vingt et un obusiers. L'approvisionnement en poudre et projectiles creux était considérable. Après la consommation du siége, et suivant l'inventaire arrêté avec les officiers prussiens, on trouva 100,000 kilogrammes de poudre, 10,350 obus pour canons de 24, 7,700 obus pour canons de 12, 2,050 obus et 200 caisses de munitions complètes pour canons de 4, 300 obus à balles, 600 boîtes à mitraille, 13,300 bombes, 100 caisses d'obus ensabotés, 18,000 charges préparées, 35 caisses de fusées métalliques, 130 paquets d'étoupilles.

On avait, en outre, 30,000 boulets et obus pour les pièces lisses.

Les magasins contenaient 168 affûts de siége et de campagne, 150 madriers de plate-forme, 5 charrettes de siége, 2 chèvres, des prolonges, des forges, des chariots amenés par la compagnie du train d'artillerie; 33,000 fusils, dont 5,000 chassepots et 3,000 fusils à tabatière; 780 pistolets, 800 sabres de cavalerie appartenant au dépôt du 5e chasseurs à cheval; 450 caisses et 5 barils de cartouches pour chassepots et fusils à tabatière.

Des préoccupations d'un autre ordre vinrent inopinément interrompre les efforts que faisait le défenseur pour mettre ses remparts en état de contenir les assauts de l'ennemi. La retraite de l'armée du Rhin avait été résolue. Le maréchal Bazaine était chargé de la conduire, par les routes de Verdun, dans les plaines de Châlons ou sous les murs de Paris. L'empereur, croyant précéder ses troupes de quelques heures, parut à Verdun le 16 août et annonça leur approche [1]. Le général Dejean et cent sapeurs du génie, tardivement

---

1 Le récit de ce passage a été fait par l'abbé Gabriel, témoin oculaire, dans son ouvrage intitulé : *Journal du blocus et du bombardement de Verdun.*

« L'empereur, son fils et les hauts dignitaires prirent place dans un wagon de
« 3e classe; le reste de sa suite, aides de camp, officiers d'ordonnance, écuyers,
« cent-gardes, se casa dans des wagons de bestiaux et de bagages. Tandis qu'une
« locomotive éclairait la ligne de Verdun à Châlons, l'empereur resta encore une
« demi-heure à la portière de son wagon, silencieux et sombre. Son visage était
« pâle et ses traits fatigués. Ses yeux, d'ordinaire voilés, semblaient tout à fait
« appesantis. Son regard, quand on pouvait le surprendre, disait les terribles soucis

dirigés sur Metz, préparèrent le passage de la Meuse et jetèrent un pont de bateaux. En même temps, des intendants réunissaient de grands approvisionnements. Ce zèle devait être inutile. On ne tarda pas à reconnaître que l'armée du Rhin, après les grandes actions des 14, 16, 18 août, s'était retirée dans le camp retranché de Metz. Le général Dejean emmena les sapeurs. Les intendants disparurent. Derrière eux il fallut replier le pont de bateaux et recharger les approvisionnements pour les évacuer par la voie ferrée sur Châlons et Montmédy, où Bazaine faisait espérer sa prochaine arrivée. Ces occupations stériles avaient absorbé pendant plusieurs jours le génie de la place, les travailleurs de l'infanterie, les chevaux de la garnison. Les travaux et l'instruction s'en ressentaient profondément.

Cependant l'ennemi avait paru. Derrière Napoléon III et les chasseurs d'Afrique qu'on faisait promener sur les grandes routes pour la sauvegarde de l'empereur fugitif, les uhlans avaient montré pour la première fois la flamme de leurs lances aux habitants de Verdun. Ces hardis cavaliers commencèrent, dès lors, à circuler autour de la ville, malgré quelques patrouilles de la gendarmerie, coupèrent le télégraphe de Paris (19 août) et vinrent sur les glacis braver les coups de fusil que les tireurs inexpérimentés de la garde mobile leur envoyaient avec plus d'ardeur que de précision. Ces allures audacieuses alarmaient le défenseur, dont les préparatifs étaient singulièrement incomplets. L'inondation ne donnait pas les résultats espérés. La sécheresse extraordinaire de 1870 influait sur le volume des eaux de la Meuse. Le niveau de l'inondation était bas; les fossés ne pouvaient être remplis. Le fleuve, pressant les barrages, filtrait à travers les poutrelles.

Pour arrêter cette déperdition, on plaça entre les barrages des terres mélangées de fumier; on étendit devant les masques en bois des châssis de toile. Ce ne fut qu'après un travail long et difficile qu'on parvint à aveugler l'eau et à obtenir un remblai qu'on éleva à mesure que s'élevait le niveau de la nappe d'eau. Ce matelas de terre avait, en outre, pour résultat de soustraire à l'action des

---

« de son âme. Il y eut un moment où des larmes coulèrent de ses yeux..... Près
« de lui était le prince impérial; son air maladif, sa figure fatiguée, sa tristesse
« furent remarqués de tous. »

Tous les témoins oculaires qu'il nous a été donné de consulter nous ont confirmé l'attitude découragée de Napoléon III. Le général Guérin de Waldersbach, qui avait commandé les cuirassiers de la garde, crut qu'il lui appartenait de rester à côté de son souverain et de son chef militaire jusqu'au signal du départ. Vieux soldat et confiant encore dans la fortune de nos armes, l'abattement de l'empereur lui paraissait dépasser toute mesure. Enfin, saisissant ses mains : « Sire, s'écria-t-il, « remettez-vous. L'armée est intacte. Nous pouvons ressaisir la victoire. » L'empereur répondit par un regard désespéré, échappa à son étreinte et se rejeta dans le wagon.

batteries les barrages qui ne sont pas dérobés aux vues de l'extérieur [1].

Toutefois, il fallait tenir ouverte l'écluse du canal Saint-Aire (branche droite) pour permettre la mouture de la farine nécessaire à la population. Aussi les fronts 22-25 (quartier Nicolas) n'étaient pas à l'abri de l'escalade et les fossés des fronts de l'est (27-29) demeuraient à sec.

L'eau qu'on parvenait péniblement à maintenir en amont faisait défaut en aval. Le lit du fleuve à sa sortie de la ville se trouvait dégarni. Un adversaire entreprenant pouvait être tenté d'y descendre pour pénétrer, dérobé aux feux de la place, dans certaines maisons du faubourg Pavé qui bordaient la Meuse et avaient action sur le bastion de la porte Chaussée. Il était même possible de remonter plus haut encore et de prendre à revers la fortification elle-même. L'enlèvement de la porte Chaussée par la gorge n'aurait plus laissé à la garnison que le mur crénelé qui constituait sa deuxième ligne de défense sur la rive gauche, si même l'assaillant, poursuivant son succès et profitant du désordre de la retraite, n'enlevait le pont qui relie les deux rives. Le commandant du génie fit barrer les arches du pont par un masque en madriers et dressa un parapet en planches dont les meurtrières permettaient aux feux de mousqueterie d'enfiler l'avenue que présentait le lit desséché de la Meuse.

Sur les remparts, on achevait de recouper les talus intérieurs des parapets pour l'alignement des fusiliers. L'artillerie terminait l'approvisionnement de chaque pièce à soixante-quinze coups. Les officiers relevaient sur le plan directeur les positions les plus marquantes situées dans le rayon d'action de leurs pièces. Le général Guérin déterminait les emplacements que les troupes et la garde nationale devaient occuper en cas d'attaque. Néanmoins, les chefs de la garnison n'étaient rien moins que rassurés sur les suites d'une surprise ou d'un assaut. Aussi, le commandant supérieur prévint ses officiers que si l'ennemi pénétrait dans la ville, ils devaient se replier, en ralliant les hommes de bonne volonté, sur la citadelle où il voulait se défendre jusqu'à la dernière extrémité.

Les vagues appréhensions et la fébrile activité des défenseurs de Verdun se trouvaient justifiées par les projets des Allemands. Les éclaireurs qui se montraient aux alentours devaient d'abord reconnaître les rassemblements français qu'on croyait en formation sur la Meuse. Ensuite, ils cherchèrent à se rendre compte de la situation de la place : « Le 20 août, le capitaine Nostitz avait profité

---

[1] Documents officiels et inédits.

Legrand.

2

« d'une reconnaissance pour pénétrer dans les faubourgs, et il ré-
« sultait de ses indications que la ville était simplement gardée par
« une faible garnison composée de dépôts et de gardes mobiles [1]. »
Ces renseignements transmis à Pont-à-Mousson, où arrivait l'état-
major des armées allemandes, furent remarqués par le général de
Moltke, et aussitôt un ordre daté du 21 août prescrivit à l'armée
du prince de Saxe, en marche sur la Meuse, « d'enlever Verdun par
« un coup de main. Dans le cas contraire, on fera surveiller la
« place et les troupes passeront au sud. »

Conformément à ces prescriptions, un des généraux de cette
armée, prince Georges de Saxe, reconnut la place le 23 août et
désigna les éminences de Belrupt pour l'emplacement de l'artillerie
lourde (batteries de réserve). Le XIIe corps (saxon), dont les deux
divisions suivaient les routes parallèles de Metz à Verdun, fut
chargé d'exécuter le « coup de main. »

Tout à coup, le 24, à huit heures du matin, les colonnes allemandes débouchent des bois qui couvrent la région de l'est, sur
la rive droite, et se dirigent vers le rempart. Surpris par cette
apparition soudaine, les habitants épars dans la campagne, la
brigade des bûcherons qui abattait des arbres, les gardes mobiles
chargés de replier le pont de bateaux, se précipitent vers la ville,
dont on a fermé précipitamment les portes. Ils descendent dans le
lit de la Meuse et pénètrent par la gorge de la porte Chaussée au
moyen d'une échelle. L'émotion est grande dans la cité. Néanmoins,
les gardes mobiles se rendent docilement aux emplacements qui
leur ont été indiqués. La garnison et la garde sédentaire se développent sur le rempart. L'infanterie du 80e occupe les portes et les
postes importants. Le commandant du génie concentre ses mineurs
et la gendarmerie à la porte Chaussée. Là est le point accessible de
l'enceinte. Là il faut tenir ou mourir.

Les deux adversaires prennent leurs dernières dispositions avant
que l'un ou l'autre se décide à commencer le feu. La 23e division
des Allemands, qui s'échelonne sur la route d'Etain, ne montre
qu'un seul régiment dont le premier bataillon, après avoir traversé
le faubourg Pavé, profite de ce que les abords immédiats de la
place n'ont pas encore été dégagés pour se répandre dans les maisons, dans les jardins, derrière les clôtures et les buissons, depuis
la porte Chaussée jusqu'à l'ouvrage de Saint-Victor. Le second
bataillon se tient en réserve derrière le faubourg. Le troisième
couvre l'artillerie de la division, dont les pièces prennent position
sur les pentes de la côte Saint-Michel.

---

[1] Relation de la guerre franco-allemande par l'état-major prussien.

Au sud-est, la 24ᵉ division, débouchant par la route de Mars-la-Tour, déploie plusieurs bataillons jusqu'à la Meuse. Cette infanterie se dissimule derrière les collines et dans les ravins. L'artillerie divisionnaire et de réserve s'élève sur les hauteurs de Belrupt, d'où elle prend pour objectifs Saint-Victor et le centre de la ville basse [1].

Quand les tirailleurs saxons se jugent convenablement postés, ils ouvrent enfin le feu. Leur artillerie lance de nombreux projectiles sur les parapets et les habitations. Quelques pièces descendent de Saint-Michel et s'avancent jusqu'à 1,700 mètres pour contre-battre les bastions Saint-Paul (rive gauche) en tirant par-dessus la Meuse.

Les fusiliers de la garnison répondent par un feu très-vif et très-mal dirigé. Les gardes mobiles, visiblement impressionnés par le sifflement et l'éclatement des projectiles, s'accroupissent derrière le parapet sans oser découvrir la partie supérieure de leur corps et déchargent dans les airs leurs armes inoffensives. L'artillerie garde encore le silence. Les magasins de batterie sont fermés. Une disposition malencontreuse a concentré leurs clefs en un lieu qu'on ignore. Enfin on les apporte et nos canons commencent à tonner. Sept bastions sont principalement engagés avec quatre pièces de 24, six de 12, deux de 4 [2]. Quelques canons lisses peuvent être utilisés. Le tir de la place se règle rapidement. Plusieurs coups atteignent des attelages et des affûts. Les soutiens d'infanterie sont obligés de se défiler. Cependant les Saxons ne prononcent pas leur attaque. Aucune troupe de pionniers ne s'élance vers les portes pour les pétarder ou les enfoncer. L'ennemi ne se préoccupe pas des maisons dangereuses du faubourg Pavé et ne descend pas dans le lit de la Meuse. Il se contente de tirailler pendant deux heures et montre ensuite un parlementaire dans le faubourg Pavé. Le trompette de cet officier, jeté subitement au milieu d'une fusillade précipitée, est tué [3]. Toutefois, le défenseur, qui a distingué un drapeau blanc,

---

[1] La cavalerie saxonne, passant sur la rive gauche, observait la citadelle occupée par le dépôt du 57ᵉ.

[2] Le corps de place compte dix bastions.

[3] M. de Bismarck fit du bruit en Europe pour ce cavalier témérairement lancé sous le tir direct de l'artillerie et de la mousqueterie. A l'entendre, les Français, gens d'un naturel féroce, égorgeaient volontairement les parlementaires. Nous pensons qu'il est contraire à toutes les règles d'exiger, au cours d'un engagement, la suspension du feu sous prétexte de parlementer. Cet expédient peut sauver une troupe compromise ou faciliter la reconnaissance des positions de l'ennemi. Les Allemands ont étrangement abusé du droit de parlementer en 1870. A la première attaque de Toul, l'état-major des assaillants inspecta les fronts de la place, à 500 mètres de distance, tandis qu'un officier prussien amusait la garnison avec une sommation.

suspend son tir. Le parlementaire est conduit devant le général Guérin de Waldersbach. Sa sommation est énergiquement repoussée. La garnison recommence le feu. L'ennemi se borne à riposter.

Le commandant du génie fait alors filer quelques mineurs le long de la Meuse. Ils pénètrent dans les maisons du faubourg Pavé où ont été placés des barils de poudre amorcés et donnent le feu. On fait simultanément sauter le pont du chemin de fer précédemment miné. Ces explosions violentes déterminent de ce côté la retraite des Saxons. Elle ne tarde pas à s'exécuter sur toute la ligne, car les chefs allemands, découragés par l'attitude du commandant et de la garnison de Verdun, ont déjà renoncé à leur « coup de main. » Ils rappellent leurs troupes qui se replient rapidement sous le feu de la place, et tout disparaît dans les bois, derrière les collines, au nord-est et au sud-est. Le même jour, les Saxons passèrent la Meuse en amont et en aval de Verdun, à Dugny et Charny, sur des ponts de bateaux. Cette opération fut couverte par une brigade qui s'éloigna le lendemain.

Dans l'orgueil de son triomphe, Verdun crut avoir couvert la terre de cadavres ennemis. Les habitants coururent s'en assurer, mais ne virent que des chevaux abattus, des roues et des affûts brisés. Néanmoins, les imaginations enfantèrent une légende fantastique qui représentait les Allemands enterrant la nuit, dans des fosses profondes, à la lueur des torches, des centaines de morts. En réalité, les pertes des Saxons étaient insignifiantes. Ils avaient un officier blessé, dix-neuf hommes hors de combat, cinq chevaux tués[1]. Le défenseur comptait sept morts et douze blessés, dont cinq gardes sédentaires. Dans la population, deux hommes et une femme avaient été tués. La place avait tiré six cents coups de canon.

Ce court bombardement, exécuté par dix ou douze batteries de campagne, ne détermina aucun incendie. Les dégâts se réduisirent à quelques toitures percées et des murs détériorés. Les habitants ont compté soigneusement soixante-dix maisons sur lesquelles les projectiles laissèrent des traces.

L'armée de Saxe avait hâté le passage de la Meuse pour faire sa jonction avec le prince royal en marche sur Châlons. Contrairement aux prévisions de l'état-major allemand, le maréchal de Mac-Mahon ne continua pas son mouvement de retraite vers Paris

---

[1] La tentative faite contre Toul, le 16 août, par des troupes prussiennes, avec plus de franchise, leur avait coûté 300 hommes, et les Allemands avouent que leurs pertes auraient été beaucoup plus considérables « si le feu du défenseur eût été plus calme et mieux dirigé. » (Gœtze, *Opérations du génie allemand*.)

et remonta vers le nord-est, dans la direction de Stenay et Montmédy, par conséquent au-dessous de Verdun[1]. Saxe fut donc obligé
d'exécuter un changement de direction à droite pour s'opposer à
cette entreprise et descendit le cours de la Meuse. Il en résulta que
plusieurs divisions se trouvèrent successivement en contact avec la
place sur la rive gauche[2]. Le 27 août, le général commandant le
IVe corps « reconnut Verdun et constata que la garnison avait fait
« sauter quelques maisons et brûlé une partie des faubourgs, preuve
« qu'on était décidé à résister sérieusement....... Les constructions
« de la ville étant très-espacées, un bombardement exécuté à l'aide
« de pièces de campagne n'avait guère de chance de succès, et une
« attaque de ce genre ne pouvait se justifier que par l'hypothèse que
« l'ennemi était démoralisé[3]. »

En s'accumulant sur la rive gauche, les Allemands n'avaient
laissé sur la rive droite qu'un escadron de dragons cantonné à
Eix[4]. Ce faible détachement était incapable de protéger les communications de l'armée de Saxe contre la garnison de Verdun ; mais
celle-ci, préoccupée des grands mouvements qui s'effectuaient autour d'elle, ne sut pas discerner tout d'abord la situation inégale
des deux rives et resta timidement derrière ses murs. Aussi man-
qua-t-elle de riches prises et de nombreux prisonniers. Le bruit de
la chute de Verdun s'était répandu derrière les Saxons. Leurs convois et leurs traînards croyaient pouvoir traverser la ville sans difficulté. Dans la soirée du 25 août, de nombreuses voitures, suivant
la route de Metz par Mars-la-Tour et Belrupt, se dirigèrent vers la
porte Saint-Victor. Le poste qui la gardait était faible et n'osa sortir
sans autorisation. L'état-major de la place fut averti, mais aucune
disposition n'avait été arrêtée pour faciliter les sorties imprévues.
Tandis qu'on perdait du temps à transmettre des ordres, à rassem-
bler du monde, à mettre des conscrits sur leurs chevaux, le convoi
saxon reconnut son erreur aux coups de fusil de quelques factionnaires trop zélés, tourna bride et s'enfuit. Le lendemain, nouveau
convoi sur la route de Metz, par Etain et Eix. Si on lui avait ouvert
la porte Chaussée, il serait entré à Verdun comme dans une ville
allemande. Nouvelles lenteurs. Nouveaux coups de fusil prématurés.
Le convoi rebrousse chemin et disparaît. Le 28 août, une longue
file de voitures couvrit la même route depuis les bois jusqu'au faubourg Pavé, où elle s'engagea. Cette fois, on fut plus expéditif ou

---

[1] Stenay est à 40 kilomètres de Verdun, sur la Meuse inférieure.
[2] L'armée du prince de Saxe se composait de trois corps d'armée. La majeure
partie avait passé la rivière à Saint-Mihiel.
[3] GŒTZE, *Opérations du génie allemand.*
[4] Relation de l'état-major prussien.

plus heureux. Un détachement sortit de la place. Fantassins et cavaliers se jetèrent sur les flancs de la colonne et enlevèrent cinquante chariots, cinquante hommes et quatre-vingts chevaux[1]. Le reste put s'enfuir.

Cette capture, dont la valeur fut répartie entre les preneurs, conformément au règlement, excita l'ardeur des troupes et de la garde nationale. Des partis de volontaires battirent les environs de la ville et ramassèrent quelques traînards. En même temps se formait une bande de cinquante francs-tireurs, recrutés dans la population et commandés par un percepteur des finances, ancien militaire de la garde impériale, M. Juneau. Ces hommes se portèrent, le 29, à Charny, à sept kilomètres de la place, par Thierville, et surprirent ce que les Allemands appellent une patrouille d'officiers, forte de deux lieutenants de dragons et de leurs ordonnances. Son chef, comte Haslingen, et le second lieutenant, de Tauentzien, refusèrent de se rendre. Ils furent tués[2]. Le 1er septembre, une embuscade fut tendue entre Baleycourt et Regret, par les francs-tireurs, à un convoi qui circulait sur la rive gauche et s'était imprudemment engagé dans la vallée de la Scance, sur une route conduisant à Verdun. Le convoi avait une escorte. Il fallut combattre. Des renforts envoyés par la place terminèrent la lutte en notre faveur. Plusieurs Allemands périrent. On ramena trente voitures, cinquante chevaux, vingt prisonniers.

Verdun aurait probablement enlevé beaucoup d'hommes et de matériel si sa garnison avait manœuvré résolûment sur les lignes d'étapes des troupes ennemies, en un moment où, absorbé par les grandes opérations qui allaient décider du sort de la France, notre adversaire concentrait toutes ses forces autour de Sedan. A la date du 1er septembre, quatre escadrons de hulans et quelques pièces d'artillerie se cantonnaient dans les environs. La place avait quatre bataillons, un escadron et pouvait atteler du canon. Mais les chefs militaires de la ville n'osaient la dégarnir, même pendant quelques heures, ni risquer en rase campagne des recrues mal instruites et peu solides. En outre, une circonstance fâcheuse paralysait la direction de la défense. Le commandant supérieur était malade. Affligé d'un calcul à la prostate qui devait nécessiter plus

---

[1] L'état-major allemand paraît croire (*Relation de la guerre franco-allemande*) que ce convoi était le train d'ambulance des Saxons. Il se trompe. Le train d'ambulance avait passé la veille. Le convoi du 28 était chargé de vivres.

[2] Les Allemands exercèrent des représailles sur les habitants. Charny fut condamné à payer une somme considérable, et un notable fut passé par les armes. Du sang et de l'argent!

tard une opération dangereuse, le général Guérin de Waldersbach
fut vaincu par le mal et entra dans un hôpital. Le commandement
provisoire fut confié au général Marmier.

Cet officier général, appelé d'Afrique à l'armée du Rhin, avait
trouvé les voies ferrées interceptées par les coureurs prussiens. On
disait Bazaine en marche sur Verdun. Il gagna cette ville pour rallier le maréchal, qui s'immobilisait volontairement dans le camp
retranché de Metz quand tous l'attendaient au dehors ou se portaient
au devant de lui. Cependant le général Marmier avait su se concilier
la faveur de la cité où les hasards de la guerre l'avait bloqué à
l'improviste. Son nom, sa prestance, ses allures martiales plaisaient
au peuple et à l'armée. Son attitude pendant la journée du 24 août,
où il s'était fait voir à cheval dans les rues et le long du rempart,
avait excité d'ardentes sympathies. Aussi la cité entière souhaitait
d'être gouvernée et défendue par lui. Les habitants et les soldats
étaient même prêts à lui décerner le commandement par acclamation, au préjudice du général Guérin. Si l'esprit public veut des
idoles qu'il se plaît à parer de tous les mérites et de toutes les ver-
tus, toujours extrême en ses jugements irréfléchis, il lui faut encore
des victimes expiatoires de ses erreurs, de ses déceptions, de ses
colères. La victime de Verdun était le général de Waldersbach. La
désinence allemande de son titre avait égaré l'imagination populaire. On le proclamait parent ou allié des généraux prussiens qui
nous étaient opposés, disposé à les favoriser de tout son pouvoir,
préoccupé d'empêcher qu'on tirât le canon sur les Allemands, et cent
sottises pareilles, d'autant plus étranges que le général, d'origine
bretonne, fils d'un militaire du premier Empire que Napoléon avait
annobli[1], était d'un naturel bienveillant, attaché à ses devoirs et ne
désespérait pas du triomphe de sa patrie. L'historien demeure stu-
péfait quand il retrouve les traces des écarts inouïs de jugement et
de langage auxquels s'abandonnent toutes les classes de la société
civile dans les temps troublés. Malheureusement il ne suffit pas de
les dédaigner, car le dévergondage des idées et des paroles enivre
les citoyens et détermine promptement la rébellion. Verdun ne devait
pas tarder à donner une nouvelle preuve de cette antique vérité,
trop souvent méconnue. Mais le jour de la sédition n'était pas encore
venu, et la population, tout entière à la joie de se savoir gouvernée
par le général favori, continuait à se glorifier de la journée du
24 août, incessamment célébrée en raison de la part honorable que la
garde sédentaire avait prise à la défense. C'est pénétrée de ces sentiments et orgueilleuse d'elle-même que la ville vit apparaître un

---

[1] Le général Guérin était titulaire d'une baronnie allemande.

nouveau parlementaire porteur d'une nouvelle sommation. Le général de Moltke, spéculant sur la démoralisation universelle qu'il croyait inévitable après la catastrophe de Sedan, signifiait sa victoire et menaçait Verdun d'un prochain assaut. Une incrédulité unanime accueillit l'annonce de notre malheur. Une attaque sérieuse parut plus probable; on s'y prépara par un redoublement d'activité dans les travaux de défense. Tel fut l'unique résultat des injonctions prussiennes. Ni la prise d'un courrier du comte de Bismarck, qui vint se faire arrêter aux portes de Verdun, ni l'arrivée d'un officier et de quelques soldats, échappés aux mains des Allemands, ne purent décider la population et la garnison à croire qu'une armée française eût rendu ses armes et ses drapeaux à l'ennemi. Les récits des prisonniers évadés furent tenus pour des fables. On vit en eux des fuyards qui s'étaient dérobés à la bataille et dissimulaient leur honte derrière des narrations chimériques. Pour convaincre Verdun de la triste réalité, il fallut des informations réitérées et l'arrivée successive d'un grand nombre de militaires échappés à leurs escortes sur les routes voisines. La ruine de l'armée de Châlons fut enfin avérée, mais les premières et fâcheuses impressions sur les fugitifs ne s'effacèrent jamais entièrement. La reddition d'une grande armée en rase campagne était chose trop extraordinaire pour ne pas dépasser la portée moyenne des esprits, incapables d'apprécier la stratégie de cette expédition; il était plus facile de déclamer contre la lâcheté des vaincus que de deviner la fausse manœuvre qui avait acculé l'armée française dans une impasse. Les défaillances fréquentes de plusieurs évadés, réservistes mécontents ou recrues hâtivement incorporées, contribuèrent à perpétuer les sentiments des premiers jours. Les allures indisciplinées de presque tous ces soldats débandés choquèrent leurs nouveaux chefs et camarades, qui n'avaient pas échangé les habitudes régulières de la caserne contre l'existence aventureuse des camps. Les captifs évadés furent appelés habituellement « déserteurs. » Cette étrange appellation irrita ceux qu'elle désignait, et un antagonisme regrettable subsista jusqu'à la fin du siége. Il ne fut pas sans influence sur le moral des troupes.

Toutefois, les « déserteurs[1] » augmentaient singulièrement le nombre et la valeur de la garnison insuffisante de la place. On recueillit 10 officiers et 2,600 sous-officiers et soldats[2], dont

---

[1] Les inventeurs de cette dénomination voulaient flétrir des soldats assez indisciplinés pour avoir rompu illégalement le ban prussien auxquels les avait régulièrement assujettis la capitulation du 2 septembre.

[2] L'abbé Gabriel, dans le *Blocus et bombardement de Verdun*, fait connaître les noms de ces officiers : capitaine Bussière, du génie; capitaine Lorgeré, lieutenants

130 hommes appartenant à l'arme du génie, 300 artilleurs, 200 militaires du train d'artillerie, 80 tirailleurs indigènes, 150 zouaves et chasseurs à pied, 1,200 fusiliers, 400 cavaliers. Les évadés furent immédiatement répartis dans les cadres au titre de subsistants. Les effectifs des quatrièmes bataillons du 57e et du 80e s'élevèrent ainsi à un chiffre considérable. Les tirailleurs indigènes, zouaves et chasseurs à pied composèrent deux compagnies franches qui devaient jeter de l'éclat sur la défense de Verdun[1]. Les nouveaux artilleurs furent réunis aux deux batteries de la garde mobile. Cette organisation se trouva complétée quelques jours après par la création d'une compagnie auxiliaire du génie, que formèrent les ouvriers d'art tirés des bataillons de la garde mobile[2].

Les magasins des dépôts permirent d'habiller et d'équiper tous les hommes. Ils furent armés de chassepots. Les gardes mobiles conservèrent leurs fusils à tabatière. Verdun eut dès lors, en officiers, sous-officiers et soldats, une des plus belles garnisons qu'aient possédées nos places fortes dans le cours de cette campagne.

Etat-major général : 1 général de brigade, commandant supérieur ; 1 général de division, commandant provisoire ; 1 général de brigade, du cadre de réserve, président du conseil de révision.
1 officier supérieur, chef d'état-major ; 2 officiers d'ordonnance.

Etat-major de la place : 1 officier supérieur, commandant la place ; 3 officiers.

Intendance : 1 sous-intendant ; 3 officiers d'administration ; 35 ouvriers.

Gendarmerie : 1 officier ; 55 gendarmes.

Génie : 1 officier supérieur ; 3 officiers ; 1 officier auxiliaire ; 2 gardes ; 150 sous-officiers et soldats ; une troupe auxiliaire.

Artillerie : 1 officier supérieur ; 6 officiers ; 2 gardes ; 350 sous-officiers et soldats.

Train d'artillerie : 2 officiers ; 350 sous-officiers et conducteurs.

Cavalerie, 5e *chasseurs*, 6e *escadron et dépôt :* 2 officiers supérieurs ; 12 officiers ; 600 sous-officiers et cavaliers ; 200 chevaux.

Infanterie, 2 *compagnies franches :* 6 officiers réguliers ou auxiliaires ; 250 sous-officiers et soldats.

Dubuisson et d'Audignac, garde Jullien, de l'artillerie ; lieutenants Guyon, Perrault, de la cavalerie ; capitaine Benoît d'Auriac, lieutenants Raimbert et Louis, de l'infanterie.

[1] Le capitaine auxiliaire Juneau commanda la première compagnie (zouaves) ; le lieutenant Raimbert, la seconde (tirailleurs). Les auteurs allemands et même l'état-major prussien appellent ces soldats d'élite *les francs-tireurs de Verdun.*

[2] Cette création appartient au lieutenant-colonel Boulangé, qui en donna le commandement à l'ingénieur civil Mazilier.

57ᵉ DE LIGNE, 4ᵉ *bataillon et dépôt :* 2 officiers supérieurs ; 2 ou 3 officiers par compagnie ; 1,300 sous-officiers et soldats.

80ᵉ DE LIGNE, 4ᵉ *bataillon et dépôt :* 1 officier supérieur[1] ; 2 ou 3 officiers par compagnie ; 1,100 sous-officiers et soldats.

GARDE MOBILE : 4 officiers supérieurs ; 60 officiers ; 1,800 gardes[2].

GARDE NATIONALE SÉDENTAIRE, *sapeurs-pompiers, artilleurs et fantassins :* 1 officier supérieur ; 38 officiers ; 1,300 gardes.

TOTAL : 3 officiers généraux ; 15 officiers supérieurs ; 7,000 hommes armés[3].

La garde sédentaire avait participé, le 24 août, à la défense de la place. Elle ne fut plus employée depuis cette époque. On aurait pu lui confier la garde de la place pendant une sortie générale et lointaine de la garnison.

La garde mobile n'avait pas cessé de diminuer depuis le début des hostilités. Traités avec indulgence, les gardes obtenaient des congés dont les bénéficiaires ne rejoignaient plus leur corps sous prétexte de blocus. Quelques-uns désertèrent. Obéissante et docile, cette jeune troupe manquait d'énergie. On l'appliqua principalement aux travaux du siége et aux corvées du génie.

Les services, les hôpitaux, et surtout les corps de garde, multipliés et encombrés par l'état-major de la place, absorbèrent pendant toute la durée des hostilités un si grand nombre d'hommes que, dans une action capitale hors du rempart et en armant les ouvriers des dépôts, la garnison ne put mettre en ligne que 2,000 baïonnettes.

Depuis le 24 août, les travaux du génie et de l'artillerie n'avaient pas discontinué et la ville avait été mise au point de ne plus craindre une attaque brusquée. Les abords immédiats de la place étaient enfin dégagés, le faubourg Pavé détruit. Les eaux donnaient des résultats utiles. Les fossés de la basse ville étaient inondés. Des mines défendaient les points vulnérables. Dans le gué de la basse Meuse on avait coulé une torpille composée d'une bonbonne en verre contenant 50 kilogrammes de poudre et enfermée dans une caisse en chêne remplie de pierres et de ferraille. Le feu pouvait être mis au moyen d'une pile de Bunsen composée de six éléments,

---

1 Le chef de bataillon du 80ᵉ, M. Richard-Mollard, remplissait les fonctions de chef d'état-major. Le major de Turckeim commandait le bataillon.

2 Le marquis de Nettancourt, chef de bataillon dans l'armée territoriale, commandait le premier bataillon et se distingua en plusieurs circonstances.

3 Suivant le *Journal du blocus et du bombardement de Verdun*, le nombre des rationnaires, au 15 septembre, s'élevait à 5,958, non compris les malades.

avec un conducteur renfermé dans une gaîne de toile cirée, enduite d'une dissolution de caoutchouc, de goudron et de poix noire. Des fougasses furent établies sur les glacis des fronts 27-29 (porte Chaussée); des torpilles placées sous les ponts qui relient les deux rives de la Meuse, derrière le rempart de l'est, dans le but d'isoler la première enceinte, si elle était occupée par l'ennemi, et de continuer la lutte derrière la seconde ligne. Le glacis du front 65 de la citadelle reçut aussi des fougasses, et le pont de la porte de France (front 1-2) fut miné. Devant Saint-Victor, on chargea plusieurs fourneaux des trois systèmes de galeries de la contrescarpe. Les fourneaux furent mis en communication, par des fils télégraphiques isolés, avec des piles de Bunsen placées dans le corps de la place.

« On entreprit ensuite le retranchement et le palissadement de la
« place d'armes du bastion 27, de la porte Chaussée, de l'extrémité
« du masque de la longue branche 5-6, qui relie le front Saint-Paul
« à la basse Meuse, et le long duquel un ennemi entreprenant pou-
« vait se glisser à couvert du feu de la place, en partant du terrain
« de la gare. Les talus extérieurs furent fraisés pour les mettre à
« l'abri d'une attaque de vive force, ét un corps de garde défensif
« fut construit dans la place d'armes pour en permettre l'occupation
« pendant la nuit[1]. »

A la porte Saint-Victor, le génie commença le palissadement des places d'armes du bastion 15-17, de l'extrémité de la branche 18, où se trouvent les pas de souris qui conduisent aux poternes. Les débouchés de ces escaliers furent défendus par des tambours avec corps de garde défensif mis à l'épreuve de la balle par une double chemise de madriers de chêne bourrée de terre.

« Le glacis de la citadelle donnant sur la ville fut dégagé pour
« permettre à la garnison de continuer la défense dans ce réduit si
« la ville était prise[2]. »

On établit un poste d'observation sur les tours de la cathédrale, d'où l'ón pouvait voir tous les mouvements de l'ennemi sur les plateaux environnants et dans quelques vallons lointains. Un bureau télégraphique y fut installé pour transmettre instantanément au général les communications des observateurs. Des appareils étaient en outre placés à la citadelle, au bastion Saint-Paul, à la porte Saint-Victor, et reliés entre eux par des fils qui longeaient le rempart.

Les travaux multipliés du génie, continués jusqu'aux derniers jours du siége, rendirent impossible le succès d'un coup de force et très-difficile la réussite d'une attaque régulière. A Verdun, comme dans la plupart de nos forteresses, le génie français était apte à dis-

---

[1] Documents officiels et inédits.
[2] Idem.

puter avec habileté et ténacité ses glacis, ses escarpes, ses retranchements intérieurs. Cent jours de tranchée ouverte n'auraient peut-être pas suffi aux Allemands pour maîtriser un adversaire qui préparait déjà la guerre de contre-mine et méditait de compléter sa deuxième enceinte avant la prise de la première. Mais la portée de leur artillerie, l'élévation du terrain leur permettaient de s'épargner de pénibles et sanglants efforts par le procédé du bombardement à grande distance. Avant l'ouverture de la première parallèle, ils pouvaient foudroyer le rempart, incendier la ville, faire écrouler les escarpes. On est donc conduit à se demander si le défenseur n'eût pas été mieux inspiré en prenant possession des hauteurs qui le dominaient, en consacrant à l'établissement de redoutes extérieures les ressources et la capacité dont il disposait. Si des ouvrages avaient été érigés sur les côtes de Belrupt, Saint-Michel, Blamont, Barthélemy, le corps de place serait devenu le réduit d'un système de 3,000 mètres de rayon. Cette vaste entreprise était capable de séduire des esprits audacieux. Elle parut téméraire aux chefs de Verdun, et plusieurs considérations justifient leurs appréhensions. Les positions à fortifier n'étaient pas d'une défense facile, car le revers des hauteurs qui constituent le vallon de Verdun ne représentent pas toujours les pentes rapides et dégagées entre lesquelles circule la Meuse. A Belrupt on devait se trouver aventuré devant des collines couvertes de forêts (Argonne orientale). La côte de Saint-Michel, longue d'un kilomètre, exigeait une série de retranchements combinés. Sur la rive gauche, plusieurs redoutes ou batteries étaient nécessaires pour occuper solidement le plateau de Blamont, véritable point d'attaque. La hauteur de Saint-Barthélemy est presque entièrement boisée. L'armement de ces ouvrages devait exiger le transport de l'artillerie rayée hors de la place. Enfin, ces travaux improvisés, d'un faible relief et sans abris, ne pouvaient être susceptibles d'une résistance prolongée. Un court bombardement aurait chassé leurs défenseurs ; l'assiégé se serait retrouvé dans sa ville, démoralisé, privé de sa meilleure artillerie, accablé sous le poids d'une lourde responsabilité.

Au surplus, il n'avait pas été possible de s'arrêter à un projet de retranchements extérieurs pendant la première période. Une armée manœuvrait à proximité ; la garnison était sans valeur ; on n'était pas certain de conserver le corps de place. Depuis cette époque, les étranges péripéties de cette guerre féconde en surprises avaient procuré un personnel plus nombreux et plus exercé ; mais, en même temps, les Prussiens commençaient à reparaître sur la rive droite et occupaient] la région de l'est. Travailler à Belrupt et à Saint-Michel était donc impossible. On ne se serait établi à Blamont qu'au prix de plusieurs engagements contre un détachement prussien transporté, dès le 9 septembre, sur la rive gauche, avec de l'artillerie. Si l'on avait pu surmonter les empêchements de l'ennemi, dresser les talus malgré le feu de ses canons, les redoutes de Blamont auraient couvert la citadelle. Cependant, la certitude d'être tout d'abord vivement contrarié et ensuite violemment attaqué à Blamont, la crainte de perdre cette position ouverte aux feux croisés de Saint-Michel, Froméréville, Sivry-la-Perche, plateaux supérieurs, arrêtant de ce côté l'initiative du défenseur, il avait encore la ressource de saisir Saint-Barthélemy et de se fortifier sérieusement sur cette sommité, que les Prussiens furent trop rares pour menacer du 28 août au 23 septembre, et qu'ils surveillèrent mal du 24 septembre au 10 octobre. Les feux de Saint-Barthélemy se croisant contre Blamont avec le canon de la citadelle, prenant même à revers et d'enfilade toutes les tranchées devant les fronts 65-64, étaient peut-être le secret de la défense de Verdun. Le système de défense indirecte et le procédé du flanquement ne sont-ils pas préférables à la lutte de front, dans laquelle l'avancement des parallèles triomphe toujours des résistances de l'assiégé? En outre, Saint-Barthélemy, protégé au sud-est par l'inondation, dégagé au sud et à l'ouest par des abatis étendus, garanti au nord par la profondeur du vallon de la Scance, les flancs couverts par le tir de la citadelle, pouvait être défendu avec succès contre les attaques brusquées. Les considérations que nous avons rapportées demeurèrent présentes à la pensée des chefs de Verdun. L'appréhension d'un échec les empêcha de tenter résolûment un grand effort sur aucun des coteaux qui les dominaient. Ils persistèrent à se renfermer dans l'enceinte, uniquement préoccupés d'empêcher la réussite d'un assaut. Les généraux Guérin et Marmier ne voulurent même pas occuper d'une façon permanente quelques villages situés sous le canon de la place ou à proximité. Jusqu'au 15 septembre, leur action extérieure ne se manifesta que par les excursions à courte distance de leurs partisans ou de quelques pelotons de cavalerie dont l'un, en reconnaissance sur Dugny, fut ramené par les hulans. D'autre part, l'attitude de deux bataillons prussiens récemment cantonnés sur la route d'Eix n'était pas agressive. On n'appréhendait même plus une attaque sérieuse. Paris occupait la plus grande partie des forces allemandes. Le maréchal Bazaine se maintenait intact dans Metz. Toute la Lorraine croyait qu'il la délivrerait prochainement de l'occupation étrangère. En attendant cette agréable surprise, Verdun, garni de troupes, muni de vivres, se plongeait dans une quiétude complète[1]. Elle ne s'inquiétait même pas des changements politiques survenus depuis la captivité de Napoléon III. « Séparés

[1] La troupe et les habitants pouvaient vivre jusqu'en février.

« complétement de la France, a dit un narrateur de ces événements,
« nous pouvions, avec un peu d'imagination, nous figurer que nous
« étions revenus au bon vieux temps où Verdun, ville libre, se
« gouvernait elle-même et guerroyait chaque jour pour son propre
« compte contre les grands seigneurs, nos voisins[1]. » Toutefois,
certaines réclamations décidèrent les autorités civiles et militaires
à remplacer le nom de l'empereur par les formules républicaines[2].

Dans cette cité tranquille, les services administratifs de la garnison ne laissaient rien à désirer. Les ouvriers militaires complétaient
rapidement l'habillement de toutes les troupes. On put même donner des capotes d'infanterie aux gardes mobiles. Si le drap était
abondant, la toile était rare, et la plupart des soldats n'obtinrent
qu'une chemise. Des réquisitions ou des prêts faits par les habitants
donnèrent un nombre suffisant de matelas pour le repos des troupes,
soit deux matelas pour quatre hommes. Les distributions étaient
régulières. La farine et le vin abondaient. Le sel manquait. Quand
les caisses de l'Etat furent épuisées, le commandant supérieur requit
la municipalité de lui remettre des fonds pour la solde et l'entretien
de la garnison. L'argent exigé n'était qu'une avance et devait faire
retour à la ville. Après un premier prêt de 45,000 francs, le conseil
municipal émit un emprunt de 110,000 francs, promptement soldé
par une bourgeoisie riche. Plus tard, comme la population jugea
prudent de réserver ses économies pour parer aux éventualités d'un
avenir incertain, la ville créa des « bons de monnaie » de 20 francs,
5 francs, 1 franc et 25 centimes, ces derniers destinés à donner le
prêt à la troupe. On obtint par cette circulation près de 400,000
francs.

Le service sanitaire de Verdun était un des meilleurs qu'on ait
organisés dans nos villes assiégées. Indépendamment des hôpitaux
ordinaires, la ville avait transformé son collége en une ambulance
de cent lits. L'évêque, M. Hacquart, président d'un comité de
secours aux blessés, et déployant un grand zèle pour le soulage-
ment des cruelles souffrances que la guerre apporte avec elle, avait
disposé trois cents lits dans les galeries du séminaire et du palais
épiscopal. Ces locaux spacieux et aérés, les soins intelligents d'un
personnel dévoué devaient produire et produisirent, en effet, des
résultats exceptionnels, que le docteur Lagarde, directeur de l'am-

---

[1] *Journal du blocus et du bombardement de Verdun*, par l'abbé GABRIEL.
[2] Il est juste de dire que cette indifférence politique n'a pas toujours été exclu-
sive d'un patriotisme sincère. Après la capitulation, les Allemands prétendirent
forcer le tribunal civil à rendre ses jugements « au nom de l'empereur » ou « au
nom de la loi. » Les magistrats persistèrent à employer la formule nationale :
« au nom du peuple français, » et se firent dissoudre par la force.

bulance de l'évêché, a racontés en des termes qui méritent d'être reproduits :

« Je me trouvai donc dans des conditions exceptionnellement
« favorables pour mener à bonne fin toutes les blessures que j'al-
« lais avoir à soigner. Aussi ma conscience m'aurait reproché de
« n'avoir pas recours à la chirurgie conservatrice, cette chirurgie
« de l'avenir. Je n'ai pratiqué qu'une seule amputation après bles-
« sure, et encore ai-je eu lieu de m'en repentir. J'ai vu guérir entre
« mes mains, après six mois de soins, il est vrai, des hommes
« ayant la cuisse brisée par une balle. J'ai conservé sous l'eau,
« pendant quarante et cinquante jours, des mains et des pieds hor-
« riblement mutilés, et je les ai vus, non-seulement guérir, mais
« encore retrouvant toutes leurs fonctions. J'ai conservé un bras
« dont l'os avait été fracturé par une balle à sa partie supérieure
« et l'artère humérale coupée. Enfin, sur les 159 blessés qui ont
« été admis à l'ambulance, pas un seul n'a éprouvé les accidents si
« redoutables qui accompagnent trop souvent les lésions graves de
« ce genre. Je n'ai eu à constater qu'un seul cas de résorption
« purulente, d'érysipèle, de gangrène ou de pourriture d'hôpital.
« Je le répète, ces succès sont dus aux conditions hygiéniques, au
« milieu réconfortant où les circonstances avaient placé nos blessés,
« et un peu aussi, sans doute, à l'emploi méthodique de l'eau
« froide, des pansements à l'alcool et du régime tonique auquel je
« pouvais les soumettre. »

Cependant l'ennemi commençait à s'agiter autour de la ville. Une division mixte, ligne et landwehr, à laquelle était primitivement échue la mission de bloquer Thionville, occuper Sedan, surveiller Mézières, garder les lignes d'étape de la Lorraine, avait reçu l'ordre de négliger Thionville pour se préoccuper de Verdun. Son comman-dant, général Bothmer, appuyant au sud, porta, le 7 novembre, son quartier général à Eix (10 kilomètres de Verdun, route septentrio-nale de Metz). Deux bataillons du 65e de ligne, un régiment de hussards, une batterie, se cantonnèrent sur la rive droite. Le len-demain, les officiers prussiens reconnurent la place. Le 9, une compagnie, utilisant un bac et un gué entre Bras et Charny, passa sur la rive gauche jusqu'à la ferme de Villers-les-Moines et le petit bois de la Magdelaine devant le village de Thierville, à 4 et 5 kilo-mètres de la place, 3,000 et 4,000 mètres de son canon. Les hulans, qui avaient stationné jusqu'à l'arrivée de ces troupes, s'éloignèrent dans la direction de Reims[1].

---

[1] L'arrivée de Bothmer coïncidait avec le passage des premiers convois des pri-sonniers de Sedan à la hauteur de Verdun, au revers de l'Argonne orientale et

Bothmer eut l'ambition de réquisitionner les localités situées sous le canon de Verdun; quelques coups tirés du rempart sur ses postes ne lui permirent pas de forcer les habitants à l'obéissance. Il se rabattit sur les villages environnants, et les malheureux paysans commencèrent à charrier leurs provisions dans le camp prussien. Le 15 septembre, l'observateur de la cathédrale vit des voitures quitter Froméréville pour Charny et circuler dans le vallon qui relie ces deux localités, au revers du plateau de Blamont. Confiant dans l'augmentation récente de ses forces, le général Marmier lança un détachement à la poursuite du convoi. Quelques chasseurs à cheval, une section des compagnies franches, des fantassins, sortirent de la porte de France, dépassèrent Thierville et se heurtèrent à une compagnie prussienne postée sur la lisière du bois de la Magdelaine. Derrière elle, des cavaliers étaient rangés sur la côte qui masque Charny et Marre. Les tirailleurs des deux partis se fusillèrent, le bastion 65 jeta quelques obus dans le bois, mais le convoi se trouvait déjà hors d'atteinte. Les Français relevèrent trois blessés et rentrèrent dans la place.

Cette escarmouche fut bientôt suivie d'un coup de main dans la nuit du 17 au 18. Un poste prussien se faisait voir sur la côte Saint-Michel, au-dessus de Belleville. On résolut de l'enlever. Avant le jour, les compagnies franches gagnèrent les crêtes, surprirent l'ennemi et tuèrent tout ce qui tenta de résister. La réserve prussienne placée derrière la montagne accourut. Après un court engagement, les assaillants se replièrent. Les chefs de la garnison ne voulaient pas livrer de combats sérieux, encore moins tenter une offensive générale. Ils estimaient que les plus brillants succès seraient stériles et même compromettants, car les Prussiens, défaits et détruits, devaient être immédiatement renouvelés par les réserves de Frédéric-Charles, dont un corps entier était cantonné autour d'Etain, à quelques heures de la place. Battre les Prussiens, c'était les attirer. Les écraser, c'était détourner contre Verdun des forces considérables. On ne saurait contredire la justesse de ce raisonnement, mais une attitude expectante convenait-elle à une garnison relativement nombreuse au milieu d'une crise redoutable pour le pays? Dans la même région, le commandant de Longwy, éloigné des lignes d'opétions de l'envahisseur et comptant à peine 2,000 hommes, ne craignit pas d'exécuter des sorties lointaines, imposant ainsi aux Prussiens l'obligation de détourner successivement contre une place qu'ils voulaient oublier, des troupes d'observation, une division de

---

dans le bassin de la Moselle. Nos soldats étaient dirigés de Stenay sur Pont-à-Mousson par Etain, qui est à 20 kilomètres de la place. La prise de quelques voitures avait attiré l'attention de M. de Moltke sur la garnison de Verdun.

siége, 100 pièces d'artillerie, évidemment distraites des mouvements généraux au préjudice d'entreprises plus utiles [1]. L'intervention opportune d'une fraction, même minime, dégage d'autant un
compagnon d'armes. pressé par l'ennemi, et contribue au succès
définitif. L'initiative est donc un devoir, l'abstention un acte
fâcheux qu'on ne doit jamais approuver. Toutefois Verdun n'eut
pas à se reprocher son inutilité au milieu des grands événements
qui s'accomplissaient en France, car il suffit des deux escarmouches
que nous venons de rapporter pour faire arriver devant ses murs
des forces relativement importantes. La prise de deux convois en
août avait déterminé la réunion d'une troupe d'observation; les engagements de Thierville et Saint-Michel décidèrent l'organisation
d'un corps de blocus. Dès le 18 septembre, Bothmer, frappé de
l'attitude offensive du défenseur, et connaissant [2] l'arrivée des prisonniers évadés, crut à des intentions énergiques, craignit d'être
accablé, appela sa landwehr demeurée dans le nord de la Lorraine et l'ouest des Ardennes. Le 23 septembre, l'arrivée de ces
troupes lui permit d'envelopper la place avec 21 compagnies, 7 escadrons, 12 pièces prussiennes, 6 canons français tirés de Sedan.
La majeure partie fut cantonnée sur la rive droite. Un bataillon de
ligne, 3 compagnies de landwehr, 1 escadron, 8 pièces restèrent au
nord de la route d'Etain (secteur nord-est, Bras, sur la Meuse,
Fleury). En réserve à Eix, 2 compagnies, 2 escadrons, 2 pièces.
Quatre compagnies de landwehr, 1 escadron, 2 pièces descendirent
au sud de la route d'Etain (secteur sud-est, Belrupt, Haudainville,
Dugny sur la Meuse). Le secteur unique de la rive gauche enferma
1 bataillon de ligne, 4 compagnies de landwehr, 3 escadrons,
6 pièces (Dugny, Landrecourt, Froméréville, Marre, Charny sur la
Meuse, en face de Bras). Ces 6,000 hommes, cantonnés dans une
douzaine de villages à 4,000, 6,000 et 8,000 mètres de la place,

---

[1] Il est intéressant d'observer que le lieutenant-colonel Massaroli, commandant
la place de Longwy, se proposait, par ses démonstrations, de faire croire aux Allemands que sa garnison, faible et médiocre, était nombreuse et résolue, pour les
détourner d'une attaque de vive force à laquelle il fut longtemps incapable de
résister. Son excès d'audace trompant ses calculs lui valut un bombardement, un
siége en règle, une capitulation. Il n'en est pas moins vrai que sa diversion dimi-
nua l'ensemble des forces agissantes contre nos armées et nos forteresses. Mal ré-
compensé de ses services, Massaroli a été blâmé par le conseil d'enquête et mis à
la retraite prématurément par le général de Cissey.

[2] Gœtze, traduisant les impressions des troupes prussiennes devant Verdun,
s'exprime ainsi : « La garnison, renforcée de plusieurs milliers de soldats débandés,
« fit à plusieurs reprises de grandes sorties qui mirent souvent le petit corps d'ob-
« servation dans une situation critique et l'obligèrent, le 18 septembre, à appeler
« à son secours les troupes du II⁰ corps stationnées à Etain. » Cette dernière in-
dication est erronée.

formaient autour d'elle un cercle irrégulier. Le relevé des distances sur les chemins entre chaque cantonnement donne un périmètre de 48 kilomètres, non compris Eix, où étaient le quartier général et une réserve. Devant la ligne de blocus, des postes observaient la ville des hauteurs qui la dominent. La chaîne de ces postes commençait sur la rive droite, à la ferme de Wameaux, au bord de la Meuse inférieure, près Belleville, s'élevait ensuite sur la côte Saint-Michel, avec un gros derrière la montagne, au bois Lecourtier, couvrant Bras et Fleury, descendait sur la route d'Eix et d'Etain qu'elle coupait à la Renarderie et à la Blancharderie, fermes ou villas, remontait sur les côtes de Belrupt et Haudainville, protégeant ces villages, et détachant quelques hommes à la Grimoirie, ferme à 1,800 mètres de Saint-Victor. Elle joignait ensuite la haute Meuse à Belleray.

Sur la rive gauche, cette chaîne allait de Belleray et de Billemont au plateau de Saint-Barthélemy, où la maison dominante, dite Pierron, était occupée. Derrière cette section, Dugny, Landrecourt, Lempire, Nixeville avaient de la landwehr. Mais, entre ces villages et la place s'étendait la forêt qui couvre la pente occidentale et méridionale du plateau de Saint-Barthélemy. Les bois, longeant l'inondation et se continuant pendant 10 kilomètres, séparaient même les deux villages de Lempire et Nixeville. Les taillis se prolongeaient encore vers les forêts de Senoncourt et de Souilly, dans la région du sud et la vallée de la haute Meuse. Cette remarquable disposition était favorable aux excursions des partisans et même à un mouvement prononcé de la garnison. Le défenseur de Verdun ne voulut jamais en profiter. Il redoutait, en s'avançant dans la campagne, d'être coupé de sa base et de ne pouvoir regagner sa forteresse.

Entre Barthélemy et Blamont, un détachement barrait la vallée de la Scance à Baleycourt. Le plateau de Blamont était surveillé. Derrière lui se trouvaient les cantonnements de Sivry-la-Perche et Froméréville. Sur le prolongement nord-est de cette montagne, appelé côte de Lombut, les Prussiens observaient la plaine de Thierville. La chaîne des postes se terminait, enfin, au bois de la Magdelaine et à la ferme de Villers-les-Moines, où elle retrouvait la basse Meuse.

La rivière était franchie, en amont de Verdun, sur un bac, à Belleray, et, en aval, par le gué de Charny, où l'artillerie pouvait descendre.

Les premiers ponts permanents que les Prussiens trouvaient sur la Meuse supérieure étaient ceux de Dieue (chemin), à 13 kilomètres sud de Verdun, et Villers (route nationale), à 18 kilomètres. Ce dernier passage avait été secrètement miné, chargé et amorcé, mais non détruit par les Français.

On devait descendre la Meuse inférieure jusqu'à Consenvoye, à 18 kilomètres de la place, pour rencontrer un pont fixe (chemin de grande communication).

Au delà des lignes d'investissement, la landwehr gardait les gîtes d'étape. Des détachements de 150 à 300 hommes occupaient, dans le nord, Stenay (40 kilomètres de Verdun), Damvillers (30 kilomètres); dans le sud, Saint-Mihiel (35 kilomètres), route de Commercy; dans l'ouest, Clermont-en-Argonne (29 kilomètres), route de Reims.

La landwehr de Damvillers allait être enlevée, le 11 octobre, par un brillant coup de main de la garnison de Montmédy, lancée à 24 kilomètres de sa place. Quelques heures après le départ des Français, une compagnie d'artillerie prussienne et 8 pièces de siége marchant de Sedan sur Verdun, entrèrent dans le bourg.

Le blocus de Verdun n'était pas d'une extrême rigueur. Les rapports de la ville avec l'extérieur ne furent pas absolument interrompus. Les deux partis laissaient les habitants entrer dans leur ligne respective pour se procurer des renseignements sur la situation de l'adversaire. Peut-être cette disposition a-t-elle été plus favorable aux Prussiens qu'à l'assiégé? Il est avéré que l'espionnage fut constamment pratiqué dans Verdun, particulièrement par les femmes de mœurs dissolues.

Sur ces entrefaites, le commandement du général Marmier prit fin. S'il avait acquis l'amour de la population, l'enthousiasme des troupes, l'approbation et l'appui des principaux officiers lui faisaient défaut. Sa grande popularité leur paraissait destructive de la discipline. Ils n'entendaient, en outre, reconnaître d'autre maître que le général Guérin de Waldersbach, seul revêtu de pouvoirs réguliers. Le commandement de Marmier aurait dû conserver, suivant eux, nonobstant la supériorité de son grade, un caractère provisoire et intérimaire. Enfin, si le mérite de quelques bonnes dispositions pouvait lui être attribué, incorporation rapide des évadés, création des compagnies franches, maintien journalier sous les armes d'une compagnie de piquet par bataillon pour exécuter les sorties improvisées, son dernier acte était l'objet des plus vives critiques. Il avait ordonné le renvoi de 228 prisonniers prussiens, soldats et convoyeurs, ramassés dans différents engagements, sans exiger la restitution d'aucun militaire français. Le général Guérin fut prié de reprendre l'exercice de ses fonctions. Quoique imparfaitement rétabli et retenu à l'hôpital, le commandant supérieur réunit son conseil de défense et signifia que désormais on n'aurait plus à reconnaître d'autre autorité que la sienne.

Cependant les Prussiens renforcés menaçaient de nouveau Thierville, dont ils désiraient accaparer les ressources. Un ordre de réquisition apporté au village par un hussard, les mouvements de l'ennemi qui se développait sur la rive gauche, ou la vue d'un convoi, provoquèrent une nouvelle sortie. Le 24, les Français renouvelèrent la démonstration du 15 et déployèrent quelques centaines d'hommes dans la plaine de Thierville. Le bois de la Magdelaine fut attaqué, la compagnie qui le défendait pressée sur ses deux flancs. Au même instant, une compagnie prussienne, un escadron, quatre pièces, débouchant de Wameaux, ouvrirent le feu de la rive droite et enfilèrent nos tirailleurs. Vers notre gauche, deux compagnies couronnèrent la côte de Lombut. Les Français arrêtèrent leur mouvement et se replièrent. Ils avaient cinq blessés. Les pertes de l'ennemi étaient plus considérables.

Quoique contenue dans d'étroites limites, l'attitude offensive de la garnison déplaisait à son adversaire. Il conçut le projet de prendre définitivement l'ascendant des armes par un acte hardi et vigoureux. L'importance de la côte de Blamont, qui plonge la citadelle à 3,000, 2,500, 2,000 mètres, ne lui avait pas échappé. Il présuma que son artillerie, ouvrant brusquement le feu de cette hauteur, dominerait nos canons et les réduirait au silence. Désormais l'assiégé intimidé n'oserait plus s'avancer dans la campagne et se cacherait derrière ses parapets. Ensuite, on bombarderait la ville jusqu'à reddition. Quatre nouveaux bataillons de landwehr arrivaient pour soutenir le blocus. Dix compagnies renforcèrent aussitôt le secteur de la rive gauche. Dans la nuit du 25 au 26 septembre, les artilleurs prussiens, couverts et protégés par l'infanterie, élevèrent un épaulement sur la pente de Blamont et placèrent six pièces lourdes en batterie. Simultanément, quatre canons, sur la côte Saint-Michel (deux pièces prussiennes lourdes, deux pièces françaises de 12), étaient chargées de bombarder les bastions Saint-Paul et de la porte Chaussée. Au sud-est, deux pièces lourdes postées sur la crête de Belrupt devaient contre-battre Saint-Victor.

A six heures du matin, les Prussiens commencent le feu. Les premiers coups font des victimes. Le lieutenant-colonel Boulangé et les officiers du génie s'étaient portés à la citadelle pour reconnaître les intentions de l'ennemi. Un obus éclate au milieu du groupe. Le capitaine Dehaye tombe foudroyé. Le lieutenant Delort est grièvement blessé. Le personnel de l'artillerie se répartit rapidement sur le rempart au milieu des projectiles. Les bastions 64, 65, 66, 67 de la citadelle ne tardent pas à répondre au canon de Blamont. Ces fronts portent cinq pièces de 24, huit de 12. La lutte est vive. Nous avons un sous-officier et deux canonniers tués, une pièce égueulée, des épaulements dégradés. Deux affûts sont rompus par l'effet du recul. Leur position avantageuse et l'excellence de leur matériel permettent aux Allemands de se maintenir pendant cinq heures [1] ; mais notre tir, dont la précision s'accentue, prend enfin la supériorité. L'ennemi perd un officier tué, plusieurs servants mis hors de combat. Des pièces sont démontées. Avant onze heures, il se décide à évacuer sa tranchée et s'efforce d'enlever son matériel. Le feu de la citadelle l'oblige à le laisser longtemps sur place.

Les deux pièces qui battaient Saint-Victor avaient été promptement démontées. La batterie de Saint-Michel, placée derrière la crête, se trouvait dérobée aux vues de la place. Elle put se maintenir plus longtemps, mais ses pointeurs ne pouvaient tirer qu'au jugé, en prenant pour point de repère les édifices les plus élevés. Aussi n'obtinrent-ils d'autre résultat que de percer quelques toitures. Les bastions Saint-Paul, après des efforts infructueux, réussirent à les atteindre et à les faire taire.

Le défenseur avait tiré cinq cents coups. Ses pertes s'élevaient à quatre tués et trois blessés. La garnison regrettait le capitaine Dehaye, dont le caractère et les services étaient appréciés par ses chefs.

L'issue de cette courte action déconcerta l'ennemi. Il n'osa pas recommencer sa tentative et abandonna le plateau de Blamont. Néanmoins, les Français ne renouvelèrent pas leurs sorties. Les escarmouches des deux partis gênant la rentrée des récoltes, le général Guérin venait de conclure verbalement avec son adversaire une suspension d'armes qui permit la reprise des travaux agricoles. Cet armistice et l'immobilité prolongée de la garnison mécontentèrent la population. Verdun, comme Metz, comme Paris, comme toutes les places assiégées qu'irrite la présence de l'envahisseur campé devant leurs murs, Verdun souhaitait des entreprises énergiques, demandait des sorties multipliées, voulait voir les Prussiens en fuite. Ses désirs n'étant pas satisfaits, la ville se montrait inquiète, soupçonneuse, passionnée, et s'emportait contre Guérin de Waldersbach. Il était accusé d'indifférence, de parti pris, de trahison ! On en revenait à réclamer son remplacement par le général Marmier. Les habitants excitaient ouvertement les troupes à déposséder leur chef au profit de l'homme qui avait su conquérir leurs sympathies [2]. Les soldats, continuellement maintenus derrière

---

[1] L'état-major allemand dit trois heures. Cette appréciation est peut-être insuffisante.

[2] Il est inutile de dire que l'honorable général Marmier était absolument étranger à ces extravagances. Depuis la cessation de son commandement provisoire, il se renfermait dans la plus complète abstention.

des murailles, ennuyés des factions multipliées que leur imposait
l'état-major de la place, dont l'inutile activité accumulait des baïonnettes dans des corps de garde, les soldats se fatiguaient de leur
oisiveté et cherchaient à se jeter isolément dans la campagne,
les uns pour marauder, les meilleurs pour faire le coup de feu
contre les vedettes allemandes. Parfois on entendait au loin la
fusillade précipitée des postes ennemis harcelés par d'adroits tirailleurs qui se dissimulaient derrière les accidents de terrain, et, se
déplaçant après chaque coup, couraient incessamment d'un point à
un autre, adversaires invisibles et insaisissables. D'autres, plus
téméraires, affrontaient à découvert les balles prussiennes pour le
seul plaisir de brûler la poudre et de ressentir les vives émotions
du combat. Spectacle digne d'être montré au philosophe qui rêve
la paix universelle, quand la guerre est au cœur de l'homme et
l'une de ses ardentes passions, mais non pas la moins noble, car
elle nous élève au-dessus de nous-mêmes, en enseignant le mépris
de la mort, dont la crainte courbe le front des lâches.

La hardiesse de ces enfants perdus, qui se multipliaient depuis
peu, eut des conséquences singulières. Elle détermina dans un seul
jour un engagement général et une sédition intérieure. Le 2 octobre,
des tirailleurs indigènes circulant dans les plants de vignes étagés
sur les pentes de Saint-Michel, inquiétèrent les factionnaires qui se
dressaient sur les crêtes. Courant rapidement à droite et à gauche,
se multipliant par la vitesse, ils font feu de vingt points différents et troublent les sentinelles qui donnent l'alarme. Les postes
bivouaqués en arrière prennent les armes, entrent successivement
en ligne pour disputer le plateau à un adversaire chimérique,
et toute cette alerte est l'œuvre de trois Arabes en rupture de con-
signe.

Des paysans témoins de cette affaire s'émeuvent. Ils savaient que
des pièces prussiennes étaient maintenues en permanence dans ces
parages, et avaient plusieurs fois averti la place de leur présence.
Suivant la coutume des personnes civiles, dont l'imagination s'en-
flamme à la moindre action guerrière, ils croient ces canons saisis
par nos tirailleurs et courent à Verdun, où se répand aussitôt le récit
fantastique d'une lutte émouvante. Une poignée d'hommes dispute
héroïquement à des retours offensifs l'artillerie allemande tombée
en son pouvoir ! Debout sur un canon, un clairon intrépide sonne la
charge et appelle la garnison ! La population accepte avec enthousiasme une épopée qui flatte ses rêves belliqueux. Ces bruits, rapportés au général Guérin, ne lui paraissent pas dénués de vraisemblance.
Il ordonne l'envoi de renforts et d'attelages sur le terrain de la lutte.
Cette prescription s'exécute avec des lenteurs, des hésitations qui prou-

vent un défaut constitutif dans la transmission des ordres. La compagnie de piquet du 80e sort une heure après la décision du commandant supérieur et demeure longtemps isolée au pied des pentes de Saint-Michel devant un ennemi nombreux. Le détachement du train d'artillerie chargé de ramener les pièces que l'on croit prises se porte par erreur sur la rive gauche et perd du temps à regagner la rive droite. Une compagnie de gardes mobiles s'arrête à la porte Chaussée au lieu de marcher au feu, sous prétexte de prendre les instructions de l'officier supérieur de jour, qu'on n'a pas encore trouvé et averti. La compagnie de piquet du 57e est descendue de la citadelle pour concourir au combat. Au moment où elle franchit le rempart, un officier paraît, proteste contre la présence du 57e sur la rive droite et le renvoie vers Thierville, où se réunissent des troupes et s'improvise un engagement[1]. Cependant on entend distinctement vers Belleville la fusillade prolongée d'une lutte inégale. La population impatiente voit ces erreurs, ces malentendus, ces complications, s'irrite, donne des marques de son ressentiment contre le général, accusé de combiner de faux mouvements pour tirer ses amis les Prussiens du mauvais pas où ils sont engagés.

A quatre heures, une partie du 80e, des gardes mobiles, un peloton de chasseurs à cheval débouchent enfin de la porte Chaussée et marchent sur Saint-Michel. Les pentes sont gravies avec vivacité, les crêtes abordées avec résolution. Les forces qui les défendent reculent devant nos troupes, et nous couronnons les hauteurs avec le concours du canon de la place, qui lance ses obus par-dessus les nôtres. L'infanterie prussienne bat en retraite. Les chasseurs à cheval s'élèvent sur le plateau, exécutent deux charges brillantes, arrivent sur les baïonnettes et sabrent les groupes qui veulent se maintenir. L'heure avancée, la proximité des réserves de l'ennemi[2], engagent les chefs de la colonne à ne pas prononcer plus longtemps leur offensive. Ils rappellent les hommes ardents qui se jetaient déjà sur le bois Lecourtier, placé au revers de la côte, et les chasseurs qui s'apprêtaient à charger encore[3]. A six heures, les Français abandonnent les hauteurs entièrement évacuées par leurs adversaires et rentrent dans Verdun. Ils comptaient cinq morts et dix blessés.

---

[1] Une compagnie prussienne qui gardait la côte de Lombut fut inquiétée. On voulait sans doute, par cette diversion, maintenir les réserves de Charny et Bras incertaines du véritable point d'attaque.

[2] Bras et Fleury sont situés à 7 kilomètres de Verdun, distances réelles. Nos tirailleurs s'avançaient à 3,500 mètres de l'enceinte.

[3] Le peloton de cavalerie était commandé par le lieutenant Perrault, des chasseurs d'Afrique. On lit dans la relation de l'état-major prussien : « Une lutte à « l'arme blanche s'engageait avec la cavalerie ennemie. »

La population salua le retour des combattants par de chaleureuses acclamations ; mais, profondément déçue de ne pas voir les canons prussiens dont on avait espéré la capture, elle ne craignit pas de mêler à ses applaudissements des blasphèmes contre le général Guérin. Une vive agitation commença. On résolut de renverser un traître qui compromettait volontairement l'honneur de nos armes et le salut de la cité. Les citoyens exaltés organisèrent pendant la nuit une manifestation violente. Dès le matin, un rassemblement tumultueux se forma devant l'ambulance de l'évêché, où était encore le général, avec des clameurs injurieuses et des intentions malveillantes. Conformément à la tradition révolutionnaire, une députation voulut être introduite devant le commandant supérieur pour lui signifier les volontés du peuple et le sommer de déposer ses pouvoirs.

Ainsi Verdun, cette cité sage et tranquille, qui n'est certes pas suspecte de fomenter dans son sein les passions subversives ! Verdun faisait son 31 octobre avant même que Paris eût osé tenter cette échauffourée célèbre, et les mêmes désordres allaient éclater, les mêmes incidents se produire, les mêmes prétentions se révéler, si, comme l'infortuné Trochu, Guérin de Waldersbach eût commis l'insigne faiblesse de parlementer avec l'émeute, tant il est vrai que, sous divers aspects, on rencontre, dans tous les temps et dans tous les lieux, les mêmes excès et les mêmes folies ! Le général Guérin fit preuve, en ces circonstances, d'une fermeté que n'avait pas laissé deviner sa bienveillance habituelle. Il répondit immédiatement à l'émeute par la force. Les gendarmes enveloppèrent le rassemblement et saisirent les hommes les plus emportés. Le reste fut dispersé. Néanmoins l'agitation continua. Des placards appelèrent les soldats à la révolte. Le général répliqua par la constitution de deux conseils de guerre devant lesquels comparurent les auteurs de la sédition. Des ordres furent donnés pour faire prendre les armes à la troupe et braquer le canon dans les rues aussitôt que la population se montrerait menaçante. Ces dispositions suffirent. Tout rentra dans le calme.

Jusqu'à ce jour, le commandant supérieur n'avait pas voulu mettre des garnisons permanentes dans les villages situés à proximité de la place : Belleville, au bas de Saint-Michel ; Thierville, près de la côte de Lombut ; Regret, dans la vallée de la Scance, entre Blamont et Barthélemy. Ces localités auraient pu servir de point de départ à des entreprises contre les cantonnements prussiens; mais, uniquement préoccupés de la défensive, le général et ses officiers considéraient que ces positions, dominées par les hauteurs voisines, ne pouvaient résister à une attaque sérieuse et à un mouvement tournant. Toutefois, une circonstance exceptionnelle modifia les résolutions primitives. Les fourrages de la ville diminuaient rapidement. Le troupeau qui fournissait la viande dépérissait, et l'on craignait de perdre toute la cavalerie, livrée depuis quelques jours à la consommation. Les habitants des villages que nous venons de désigner avaient été invités à remettre leur bétail et leurs foins aux autorités de Verdun, mais leur mauvaise volonté était telle que, pour être obéi, le général fut obligé de leur imposer la présence de ses soldats. Thierville et Regret furent occupés par une compagnie. Il résulta de ce rapprochement des postes français et prussiens, de nouvelles escarmouches engagées par les hommes ardents de la garnison. Le 3 octobre, la compagnie prussienne de Lombut, tracassée depuis le lever du soleil par quelques volontaires, appela son artillerie et fit jeter des obus dans la plaine et dans le village de Thierville. Les factionnaires de Regret se fusillèrent quotidiennement avec le poste de Baleycourt. Cependant les réquisitions s'effectuaient et l'on comptait les terminer le 12 octobre, quand éclatèrent des événements dont le moindre inconvénient fut de tromper cette espérance.

On apprenait dans le même temps que les Prussiens faisaient des préparatifs de bombardement. Les paysans de la contrée, leurs voitures et leurs chevaux avaient été requis pour charger à Toul et conduire devant Verdun des pièces de siége et des munitions. Déjà le convoi, après avoir traversé les plateaux qui séparent la Moselle de la haute Meuse, descendait la vallée. L'approche de ce matériel était de nature à préoccuper le défenseur. Son enlèvement eût retourné contre l'assiégeant les canons destinés à incendier la ville. Toutefois, pour réussir une pareille surprise en présence de forces considérables, il était indispensable de connaître, avec une extrême précision, l'itinéraire et les heures de passage. Or, quittant subitement la rive droite, dont la route devait le conduire sous le feu de Saint-Victor et de la ville basse, le convoi franchit la rivière à Dieue (14 kilomètres) et vint contourner les plateaux de Barthélemy, Blamont, Lombut, par Landrecourt, Lempire, Nixeville, Froméréville. L'ennemi avait du monde à Dugny, Belleray, Billemont, d'une part, de l'autre à Baleycourt; mais, entre ces positions, la forêt qui couronne Saint-Barthélemy et masque sa pente occidentale n'était pas occupée. La garnison de Verdun, marchant de nuit, longeant l'inondation, aurait peut-être pu filer sous le couvert sans être aperçue et se placer en embuscade à la lisière occidentale que les voitures devaient côtoyer dans la matinée du 10 octobre. L'assiégé aurait-il osé rompre pour un jour avec son système de prudence? aventurer ses principales forces dans le dédale des taillis? soutenir une lutte sérieuse contre les détachements arrivant du nord et du sud au bruit du combat? Nous l'ignorons, mais il est constant qu'on manqua d'informations exactes, et quand l'observateur de la cathédrale signala successivement, à une heure, trois heures, quatre heures de l'après-midi, trois convois de canons et munitions, faiblement escortés, il était trop tard. Les voitures avaient dépassé Baleycourt et Froméréville. Un bataillon s'avançait de Charny pour les recevoir.

L'échec du 26 septembre avait fait comprendre aux Allemands qu'un matériel considérable était nécessaire pour lutter contre l'artillerie de Verdun. Le gouverneur de Reims et le général Bothmer s'étaient concertés pour réunir de nombreuses pièces de siége. La prise de Marsal, Toul et Sedan, mettait à leur disposition le matériel français et les approvisionnements en poudre et projectiles dont ces places étaient remplies. Déjà Toul avait été bombardé avec le canon de Marsal. Verdun allait être, à son tour, bombardé par les pièces de Toul. On en compléta le nombre avec le matériel de Sedan. Les Allemands réunirent ainsi trente-huit canons rayés de 12 et 24, huit mortiers de 22^c et 27^c, auxquels ils pouvaient joindre les douze pièces lourdes attachées au corps de blocus.

Le personnel fut composé des artilleurs de leurs batteries de campagne, d'une compagnie d'artillerie de forteresse appelée de Sedan, de deux compagnies qui avaient servi nos propres pièces devant Toul, de fantassins de la landwehr spécialement exercés à la manœuvre des canons français de 12. Indépendamment des artilleurs employés au parc, à la confection et au transport des munitions, les Allemands comptèrent 600 hommes pour le service de 58 pièces, chiffre qui devait leur permettre de réparer les pertes et de relever les servants fatigués [1].

Les assiégeants n'avaient qu'à puiser dans les magasins de Toul et de Sedan pour se procurer des munitions qu'ils auraient amenées plus lentement s'il avait fallu les tirer d'Allemagne. Outre les projectiles déjà rassemblés, des convois successifs devaient apporter de Sedan en deux étapes (74 kilomètres) de nouvelles munitions pour alimenter le bombardement.

Les outils de terrassement avaient été requis dans les villages. On enlevait les rails de la voie ferrée, on abattait du bois pour les blindages. Des gabions et des fascines étaient déjà confectionnés.

Le 5 octobre, le quartier général était transféré d'Eix à Charny. Le 8, le troisième bataillon du 65e de ligne ralliait le corps de

---

[1] *Le bombardement de Verdun et les causes de son insuccès*, extrait des *Militärische Blatter*, journal austro-hongrois, par le capitaine DAUDIGNAC.

siége [1]. Le 9, le général de Gayl prenait le commandement en remplacement de Bothmer, appelé à l'armée active.

Le terrain était connu des officiers prussiens. Ils déterminèrent dans la matinée du 11 l'emplacement des batteries. Avant de les construire et d'amener du canon sur les crêtes, la prudence commandait d'expulser l'assiégé des villages qu'il occupait encore au bas des pentes. Le même jour les Allemands mirent en mouvement leur 65º de ligne. Vers 7 heures du soir, au moment où dans cette saison les ombres commencent à s'épaissir, leurs colonnes d'attaque marchaient en silence sur les deux rives.

L'assiégé ne se croyait pas exposé à une aggression aussi prompte. Peu disposé à conserver indéfiniment des positions qu'il estimait indéfendables, il ne les avait pas fortifiées. Aucun plan d'ensemble n'était arrêté pour une lutte extérieure. Il est même probable que le 12 ou le 13, après l'enlèvement des fourrages, les détachements chargés d'imposer au paysan les volontés du général, auraient été ramenés dans la place. Sur la rive droite, quelques hommes gardaient le blockhaus récemment terminé devant la branche gauche de Saint-Victor. Sur l'autre rive, une compagnie de gardes mobiles avait relevé l'infanterie de ligne à Thierville. Plus préoccupés de leur bien-être que de la sûreté du poste confié à leur vigilance, les mobiles étaient dispersés dans les habitations. A Regret, une compagnie du 57º avait commis la faute de ne pas jeter des enfants perdus devant les Prussiens de Baleycourt et sur les hauteurs qui dominent les deux flancs du village. L'insouciance habituelle des Français, leur fâcheuse coutume de ne pas s'éclairer à grande distance les exposaient à tous les dangers d'une surprise.

L'attaque commence devant Saint-Victor. Des Prussiens venant de Belrupt ou de la ferme de la Grimoirie, paraissent subitement sur le glacis. Le poste du blockhaus, quoique protégé par une palissade et un réduit à l'épreuve de la balle, avec meurtrières pour la mousqueterie, se trouble et s'enfuit. Des hauteurs deux pièces de campagne jettent des obus sur Saint-Victor. Il faut envoyer des renforts aux remparts et engager une canonnade pour mettre un terme à cette démonstration.

Belleville, où entrent brusquement les Prussiens de Wameaux et du bois Lecourtier, est occupé sans coup férir.

---

[1] Ce régiment avait deux bataillons devant Verdun depuis le 7 septembre. Un des bataillons de landwehr, récemment arrivés, était reparti le 30. Trois escadrons venaient de s'éloigner. L'assiégeant comptait donc 3 bataillons de ligne, 3 de landwehr à 6 compagnies, 1 à 4 ; soit 34 compagnies, plus 4 escadrons et 800 artilleurs. Il n'avait pas de troupe du génie. Ces forces peuvent être évaluées à 8,000 hommes.

L'attention de la garnison, attirée d'abord au sud-est et à l'est, se reporte bientôt sur la rive gauche où se fait entendre le fracas d'une échauffourée. Deux compagnies prussiennes ont paru subitement sur le front et le flanc de Thierville, et leurs *hurrah!* retentissants ont terrifié les gardes mobiles. Les postes placés aux entrées du village se dispersent sans résistance. L'assaillant essuie à peine quelques coups de feu dans l'intérieur de Thierville. Il tue 3 hommes qui veulent résister. Les officiers ne sortent de leurs logements que pour être enveloppés avec 20 de leurs soldats. Le reste a déjà pris la fuite et court vers la citadelle en jetant ses armes.

Tel fut le spectacle qui s'offrit au général Guérin et à ses principaux officiers lorsqu'ils accoururent à la porte de France. Un autre aspect, non moins affligeant, vint les affecter plus péniblement encore. La fusillade avait éclaté et continuait dans la direction de Regret. Cependant on voyait accourir, complétement débandée, la compagnie du 57ᵉ. Aux premières questions, les fuyards eurent la bassesse de répondre qu'ils avaient abandonné leur capitaine « parce qu'il était trop vieux et ne marchait pas assez vite. »

L'officier qui ne marchait pas assez vite était le capitaine Marduel, dont la jambe avait été autrefois fracturée par une balle. Il n'avait pu rallier ses hommes déconcertés par la subite apparition des Allemands. Néanmoins, secondé par le sous-lieutenant Phélix, ses sous-officiers et quelques soldats courageux, il avait contenu le premier effort de l'ennemi par un feu précipité, et fait ensuite une retraite régulière en tirailleur. Les deux officiers furent assez heureux pour ramener tous leurs compagnons sans blessure. Il est rare que la fermeté et le sang-froid ne procurent pas le salut en même temps qu'ils sauvent l'honneur.

Déjà une des compagnies franches s'était élancée dans la plaine de Thierville ; mais elle avait trouvé les Prussiens en nombre supérieur et entièrement établis dans le village. Enlever Thierville qui barre le terrain, des pentes de Lombut vers la Meuse, était impossible devant le tir multiplié des armes rapides, sans une attaque de flanc combinée avec une démonstration sur le front allongé de cette position. La compagnie franche fit inutilement le coup de feu et fut rappelée. Les chefs de la garnison, découragés par les défaillances qu'ils venaient de constater, étaient plus que jamais éloignés de prendre l'offensive. Dans leur inquiétude, ils se demandaient si leurs soldats étaient capables de défendre les remparts contre une surprise nocturne. Les postes importants furent aussitôt remis aux troupes d'élite. Le génie garda désormais les poternes, et les compagnies franches les galeries de contrescarpe devant Saint-Victor.

La possession des plateaux d'où ils espéraient foudroyer Verdun était donc assurée aux Prussiens sur les deux rives de la Meuse. Couverts par leur infanterie, ils complétèrent tranquillement les préparatifs du bombardement. Dans la journée du 12, les tables de tir françaises furent appliquées en formules correspondantes au terrain. Le tracé des batteries fut terminé dans l'après-midi. Les travaux de terrassement commencèrent à la chute du jour.

A la même heure l'infanterie prussienne resserrait plus étroitement l'enceinte. Des tirailleurs sortis de Belleville viennent s'embusquer à 400 mètres des glacis. Sur la rive gauche, deux compagnies pénètrent dans Glorieux et Jardin-Fontaine. Continuant leur mouvement auquel rien ne s'opposait, car les contre-gardes des demi-lunes n'étaient pas occupées, les Prussiens circulent sur les glacis de la citadelle et engagent la fusillade avec les factionnaires du rempart.

Les hommes venaient de s'étendre sur leur matelas dans la plus entière quiétude. La fusillade qui retentit à l'improviste sur le parapet, les cris des factionnaires, les appels convulsifs des sous-officiers troublent le 57e. On croit les Prussiens dans les bastions, on s'arme fiévreusement, on court au hasard. Les projectiles qui sifflent dans l'espace effrayent les timides. De jeunes soldats s'accumulent et se pelotonnent dans la cour de la caserne Saint-Vannes, comme un troupeau de moutons. Les imprécations de leurs chefs ne peuvent les décider à se porter vers le rempart. Enfin l'ordre se rétablit. L'infanterie borde le parapet. Les artilleurs arrivent et déchargent leurs pièces. Quelques Prussiens tombent. Le reste disparaît derrière les maisons de Glorieux.

Cette alerte ne donna pas à l'assiégé la pensée que cette démonstration masquait les derniers préparatifs d'un bombardement, et l'artillerie n'eut pas l'heureuse inspiration de couvrir d'obus les hauteurs environnantes, ce qui aurait probablement interrompu les travaux poursuivis en ce moment avec une extrême activité. Les canonniers allemands, secondés par 1,800 travailleurs d'infanterie qui se relayaient à de courts intervalles, établissaient rapidement leurs épaulements. Un fossé sur le front et les flancs; le parapet renforcé par des gabions et des fascines ; deux gabions à chaque embrasure; l'emplacement des pièces creusé en déblai; les pièces reposant sur des plates-formes volantes de quatre madriers; les traverses formées naturellement par la terre laissée à son niveau dans l'intervalle des canons ; entre le parapet et les traverses un déblai formant couloir avec plafond en rails pour abriter les hommes; derrière les ailes de la batterie les magasins à poudre construits en gabions recouverts de rails et d'une couche de terre, le sol garni de claies; les dépôts de projectiles dans un enfoncement creusé derrière les traverses : telle fut la méthode rapide employée pour l'établissement des batteries prussiennes. L'assiégeant se trouva mieux abrité que le défenseur, médiocrement couvert et mal garanti contre les feux de flanc.

Négligeant les éminences du sud-est (Belrupt, Haudainville), l'assiégeant concentrait tous ses moyens d'action, au nord-est, sur la côte Saint-Michel; à l'ouest, sur le plateau de Blamont et son prolongement oriental, dit les Heyvaux; au sud-ouest, sur la côte Saint-Barthélemy. Il embrassait ainsi la ville et la citadelle dans un demi-cercle de feux convergents.

Sur la côte Saint-Michel, les Allemands placèrent cinq batteries à 2,250 mètres de la porte Chaussée et des batteries Saint-Paul, à 3,000 mètres de l'extrémité sud-est de la ville :

1° Six canons de 24;

2° Six canons de 12;

3° Six canons de 12;

4° Quatre mortiers de 22°.

Ces batteries avaient la ville haute et basse pour objectif. Elles se trouvaient placées derrière les crêtes qui les couvraient contre le tir direct de l'adversaire. Nous lisons dans un document officiel et inédit cette description : « Les batteries, creusées en déblai sur la « contre-pente de la montagne, avaient le fond de leurs embrasures « dans un plan passant par la crête et le sommet des édifices élevés « de la ville, de manière à tenir les pièces dérobées aux vues des « ouvrages, tout en conservant des points de repère suffisants pour « diriger le tir. »

5° Six pièces lourdes prussiennes, à l'extrémité de la côte Saint-Michel, tirant par dessus la vallée de la Meuse sur la citadelle, et donnant des feux croisés avec les batteries de Blamont.

Le terrain de la rive gauche avait reçu cinq batteries; distance moyenne, 2,000 mètres.

6° Huit pièces de 24, divisées en deux sections [1];

7° Six pièces de 12;

8° Six pièces de 12;

9° Quatre mortiers de 27°;

10° Six pièces lourdes prussiennes.

La batterie de 24 était établie sur le versant est de la croupe des Heyvaux, qui prolonge Blamont devant la citadelle et domine Glorieux. Elle devait ruiner, par un tir direct, l'escarpe du bastion 66 qu'elle voyait jusqu'au pied. Les Allemands comptaient sur cette puissante batterie et se flattaient d'intimider l'assiégé par l'ouverture d'une brèche.

---

[1] Quelques narrateurs donnent 12 pièces à cette batterie. Ils la confondent avec la tranchée suivante.

Les batteries 7 et 8, sur les pentes du plateau de Blamont, devaient bombarder la citadelle.

Les mortiers placés au bas des pentes se trouvaient masqués par les habitations de Glorieux.

Les pièces prussiennes étaient avantageusement postées sur le flanc septentrional de la côte Saint-Barthélemy. On les dérobait ainsi aux feux de Saint-Victor, qui pouvait prendre la côte à revers.

L'avancement des préparatifs préliminaires, le nombre des travailleurs permirent d'achever les batteries en une seule nuit [1], malgré les difficultés du terrain. Après quelques pouces d'argile détrempée par la pluie, commençait un sol pierreux qu'il fallut défoncer à la pioche. A une heure du matin, l'emplacement des pièces avait atteint la profondeur nécessaire. Les plates-formes volantes furent aussitôt posées, les canons au même instant conduits dans les batteries. La lune, cachée par les nuages, ne pouvait déceler l'avancement des travaux. Le défenseur dormait. A quatre heures, les pièces étaient en place. A six heures, le feu commença [2].

Les cinquante-huit pièces éclatent et tonnent simultanément. Les bâtiments de la citadelle, qui s'élèvent derrière le front ouest 65 et 66, sont en butte à des feux croisés et criblés de projectiles. A huit heures, un vaste incendie s'allume dans la caserne Saint-Vannes, où déjà quelques hommes ont été blessés. Les compagnies qui l'occupent sont obligées de se retirer précipitamment, en abandonnant des armes et des effets bientôt consumés. Un angle de la poudrière voisine est entamé. Le feu prend aux bâtiments de l'artillerie; il faut opérer, non sans péril, le sauvetage des projectiles des pièces rayées. Dans la ville, le magasin des fourrages est incendié. On a fait d'inutiles efforts pour dégager son approvisionnement.

Les artilleurs de la place, promptement réunis autour de leurs pièces, ripostent avec une extrême vigueur, car, aux lueurs multiples qui brillent sur les collines, aux détonations répétées qui retentissent de l'est à l'ouest, de Saint-Michel à Saint-Barthélemy, ils comprennent qu'il faut faire taire l'ennemi ou rester écrasé sous ses feux. Nonobstant la difficulté de frapper juste dans les tranchées étroites de l'adversaire, ils obtiennent des résultats. L'assiégeant est

---

1 La relation de l'état-major allemand affirme qu'une des batteries de Blamont, établie en arrière de la ligne générale, ne fut terminée que le lendemain.

2 « On avait désigné spécialement, pour être bombardés, les établissement militaires de la citadelle ; les casernes placées dans la ville (*bastion Saint-Paul*, 80ᵉ *de ligne*); la mairie (?); enfin, les tours de la cathédrale, sur lesquelles on supposait qu'il y avait un poste d'observation. » (*Le bombardement de Verdun et les causes de son insuccès.*)

obligé de négliger le bombardement et le tir en brèche pour soutenir la lutte d'artillerie. Un coup heureux du bastion Saint-Paul, tirant au jugé sur les batteries invisibles de Saint-Michel, fait sauter un dépôt de projectiles. Le commandant prussien de cette côte est légèrement frappé; il se retire. La citadelle tire avec fureur sur la grande batterie des Heyvaux et la réduit au silence. Gênée par les maisons de Glorieux, qui masquent les mortiers placés derrière le village, elle en détruit quelques-unes, et fait subir des pertes graves à l'infanterie logée dans cette localité.

Vers six heures du soir, l'assiégé, dont l'obscurité naissante rend le tir incertain, suspend son feu. L'assiégeant bombarde la ville. Les bombes, décrivant dans les ombres de la nuit leur course enflammée, sillonnent les airs et s'abattent avec fracas sur les points éclairés par la flamme des incendies. L'Allemand contemple avec une joie féroce les feux qu'il allume; son cœur se gonfle d'orgueil devant ce sinistre spectacle [1]! Dans la ville une population courageuse supporte avec fermeté cette épreuve redoutable. Les habitants, les pompiers, la garnison étouffent les incendies naissants. Au quartier Saint-Pierre, le feu a pris un développement considérable. Le commandant du génie amène ses sapeurs. On coupe les toits à coups de hache. Le foyer est circonscrit. Des travailleurs sont blessés ou contusionnés par les projectiles dirigés sur ce point. Le lieutenant-colonel Boulangé est frappé à la tête par un éclat d'obus.

L'assiégé compte onze tués et vingt-trois blessés.

Le 14, la canonnade recommence à six heures. L'ennemi a réparé ses dégâts. Le commandant Commeaux a renforcé les fronts de la citadelle en butte au principal effort de l'ennemi. Son attitude virile et sa présence sur les points les plus exposés ne sont pas étrangères à la remarquable fermeté dont tous nos artilleurs font preuve sous un feu d'une vivacité extraordinaire. Les deux partis sont éprouvés, mais les hommes tombés sont immédiatement remplacés. Dans l'après-midi on remarque que le tir des Prussiens se ralentit. Cet affaiblissement est de courte durée, et bientôt toutes leurs batteries tonnent avec un formidable ensemble [2]. Comme la veille, l'assiégé combat jusqu'à la chute du jour. Pendant la nuit le bombardement continue et la ville lutte énergiquement contre l'in-

---

[1] *Observateur de Francfort*, récit d'un assiégeant : « Un immense incendie « s'éleva dans la ville; la colonne de flammes se mit à frapper le ciel : terrible et « beau spectacle!..... Je passai la nuit à contempler ce spectacle d'une affreuse « beauté. »

[2] Le bombardement retentit jusqu'à Metz (65 kilomètres). L'armée du Rhin fut émue et admit un instant l'hypothèse d'une armée de secours combattant pour sa délivrance.

cendie, qui ne prend nulle part un développement excessif. Plusieurs bâtiments de la citadelle sont entièrement détruits et ne présentent plus qu'un amas de ruines fumantes et des pans de mur chancelants.

L'assiégé compte vingt-trois militaires blessés. Deux femmes ont été tuées, une jeune fille mutilée.

Le 15, la lutte est plus vive encore que les journées précédentes. Des deux côtés on redouble d'efforts pour maîtriser l'adversaire. La grande batterie des Heyvaux souffre cruellement. Nos coups portent dans ses embrasures. Toutes ses pièces ont été atteintes. Deux canons sont égueulés, un troisième renversé. Quatorze artilleurs ont été successivement mis hors de combat, mais le nombreux personnel de cette batterie lui permet de continuer la lutte avec cinq pièces. Sur d'autres points les Allemands ont encore douze canons démontés et beaucoup d'hommes tués ou blessés. De notre côté les pertes sont sensibles. Le lieutenant d'Audignac, de l'artillerie de marine, commandant le bastion 65, est tué. Presque tous les artilleurs des bastions 65 et 66 ont été frappés tour à tour. Le feu est un instant suspendu. Le sergent du génie Rangé accourt, prend spontanément la place d'un chef de pièce grièvement atteint et fait reprendre le tir au point le plus exposé. Le même dévouement, la même résolution éclatent dans toutes nos batteries. Enfin, vers midi, l'assiégeant est réduit au silence. Tous ses canons se taisent. La place victorieuse continue son tir. Les Prussiens sont vaincus.

Cette troisième journée nous vaut encore vingt-six hommes hors de combat, soit pour la période du bombardement, un officier tué, vingt-quatre sous-officiers et soldats tués ou morts des suites de leurs blessures, cinquante-huit blessés, total : 83 militaires et trois habitants. Les pertes des Allemands sont plus considérables. Ils avouent 3 officiers tués, 4 blessés, 9 hommes tués, 95 blessés, ensemble 111 combattants, dont 63 pour l'artillerie et 48 pour l'infanterie, en comprenant dans cette addition les pertes des 11 et 12 octobre [1].

Quinze pièces prussiennes avaient été démontées.

Quelques dégradations à l'escarpe des bastions de la citadelle, neuf affûts brisés par le feu de l'ennemi ou les effets de notre tir, deux pièces hors de service, plusieurs bâtiments militaires complétement détruits, d'autres endommagés, des édifices publics détériorés, une vingtaine d'habitations brûlées, tel était le résultat obtenu par le bombardement. Il aurait été plus grand et la ville plus maltraitée, si l'artillerie n'avait détourné la majeure partie des coups sur les parapets par la vivacité et la précision de son tir. Cependant

---

[1] Les pertes des deux artilleries opposées sont égales.

les Prussiens n'avaient pas lancé moins de 10,000 projectiles; la place avait riposté par 6,000 coups de canon [1].

Les pertes de Verdun ont été singulièrement vantées par ses habitants, fiers de leur attitude en ces circonstances critiques et disposés à faire ressortir leur propre mérite. L'ouvrage, estimable à plusieurs titres, de l'abbé Gabriel, mais écrit au point de vue local, a confirmé ces exagérations. Il a néanmoins recueilli les observations d'un Allemand entré à Verdun après la capitulation : « Si la cita-
« delle a été horriblement maltraitée par nos obus et nos bombes, à
« tel point que la plus grande partie de ses bâtiments est transfor-
« mée en un amas de décombres, la ville, de son côté, peut se féli-
« citer d'en être sortie seulement avec un œil poché (*sic*). Dans les
« rues principales on trouve peu de maisons qui aient éprouvé des
« dommages considérables. Les dévastations les plus importantes
« ne se rencontrent que dans la partie touchant tout à fait aux
« remparts et aux bastions, où çà et là on rencontre un bâtiment
« percé par quelque obus ou même entièrement brûlé. »

Cette troisième tentative avait donc échoué comme les précé-
dentes. Au lieu de foudroyer la place, de l'incendier et de la faire capituler en quelques heures, comme ils l'avaient annoncé dans leurs journaux d'outre-Rhin, les Allemands étaient battus. Nonobstant l'avantage extraordinaire que leur donnaient le commandement et la proximité des hauteurs d'où ils dirigeaient, sans perdre un seul coup, un feu plongeant sur la ville, ils avaient été vaincus par l'artillerie française. Mais dans ces journées, et pour la première fois peut-être au cours de cette campagne, la lutte n'avait pas été entièrement inégale. De part et d'autre le matériel était le même [2], le personnel suffisant, et nos artilleurs n'avaient pas été accablés par une multitude de bouches à feu d'une portée, d'une précision infiniment supérieures à nos anciennes pièces. C'est pourquoi l'issue des journées des 13, 14, 15 octobre a mortifié l'orgueil des Allemands. Après plusieurs années, le souvenir de cette défaite les tourmente encore. On ne s'étonnera pas d'apprendre qu'ils aient ramassé tous les arguments propres à excuser la honte de 58 pièces battues par 46. Ainsi les canons français ont été déclarés lourds, incommodes et médiocres. C'est reconnaître l'une des causes principales de nos désastres. L'éternel pré-

---

[1] Documents officiels inédits.
D'après l'auteur du *Bombardement de Verdun et les causes de son insuccès*, la batterie des Heyvaux (8 et 5 pièces) tira 1,500 obus.
[2] Toutefois, les Prussiens avaient utilisé 12 pièces d'acier se chargeant par la culasse, sur 58 canons en batterie.

texte de l'épuisement des munitions n'a pas manqué d'apparaître. Cette allégation, présentée par des officiers de batterie ignorant l'approvisionnement du parc, ne se retrouve plus dans la relation de l'état-major prussien. Les munitions étaient diminuées par le fait de la riposte vigoureuse de l'assiégé qui avait forcé les Prussiens à précipiter leur tir; elles n'étaient pas consommées. Les voitures des paysans apportaient, sans obstacle et sans retard, en deux étapes, de nouveaux projectiles puisés dans les riches magasins de Sedan. Nos adversaires auraient donc pu continuer le feu ou le reprendre après une courte interruption, s'ils n'eussent reconnu leur impuissance et redouté d'être anéantis.

Néanmoins, ils n'oublièrent pas, conformément à leur ingénieux système, de tâter l'assiégé par l'envoi d'un parlementaire. Dans l'après-midi du 15, un de leurs officiers vint encore frapper à nos portes. L'Allemand fut modeste. Il n'osa solliciter ouvertement la reddition de la place et donna pour raison de sa présence un échange de prisonniers; mais son langage permettait de comprendre que si Verdun voulait bien consentir à faire des propositions, on était d'autre part très-disposé à les recevoir. Le général Guérin fit à ces hommes la réponse qu'ils méritaient. Le parlementaire fut renvoyé avec une lettre dans laquelle le commandant de Verdun ne dissimulait pas ses sentiments pour des gens capables de spéculer sur l'assassinat des populations et l'incendie des demeures, dans le but de faire tomber les armes des mains des militaires disposés à faire leur devoir, reprochait au général de Gayl de tenir son infanterie cachée derrière des montagnes pour la dérober à ses coups, et lui déclarait que sa garnison défiait les soldats allemands sur la brèche et à l'arme blanche.

Ce n'est pas une des particularités les moins curieuses de ce siége que la physionomie nouvelle de la défense de Verdun à partir de ce jour. Si, dans la première période, on croit saisir le défaut d'initiative et le manque d'audace, la seconde, au contraire, et trop courte, hélas! est pleine de résolutions hardies et d'actes vigoureux. Sans doute, la maladie grave du commandant supérieur, l'organisation d'une défense longtemps incomplète, des détails multiples à régler, et surtout la stupeur qui nous envahit tous quand la marche rapide de l'invasion inonda nos provinces, sont les causes de cette inaction primitive. Depuis, on s'était repris à espérer en voyant l'étranger tenu en échec devant nos camps retranchés et nos forteresses. On s'imaginait que Bazaine terminerait un jour sa campagne défensive par un coup de tonnerre. Le commandant de Verdun, encouragé par ses succès, reprenait cette confiance que donne la victoire. Déjà le général Guérin combinait un projet ingénieux pour enlever le général ennemi dans son quartier général au milieu de son armée. Une troupe choisie devait longer, la nuit, l'une des deux rives de la Meuse, dépasser, en les évitant, les postes prussiens, et se jeter à l'improviste dans Bras ou Charny, alternativement habités par le général de Gayl, le saisir et le ramener mort ou vif. Le commandant supérieur fut détourné de cette audacieuse tentative. Ses officiers craignirent d'être attaqués et coupés, malgré l'appui des réserves échelonnées, par les détachements ennemis qu'on négligerait, et près desquels il était difficile de passer deux fois sans éveiller leur attention [1]. Le général se rabattit sur une entreprise contre les batteries prussiennes. On lui annonçait l'arrivée de nouveaux convois de munitions; la reprise du bombardement paraissait probable. Guérin de Waldersbach décida l'enlèvement de la grande batterie des Heyvaux, qualifiée de meurtrière par l'assiégé. Cette attaque se trouvait facilitée par l'évacuation récente de Glorieux. Troublés dans leur occupation par le canon de la citadelle et les explosions de mines que l'assiégé faisait jouer pour dégager ses glacis masqués par quelques baraques, les Prussiens avaient reporté en arrière leur infanterie et leurs mortiers [2].

Le 20 octobre, à une heure du matin, le général, les commandants du génie et de l'artillerie réunissaient, devant la porte de France, 37 sapeurs et 25 artilleurs munis d'un matériel d'enclouage. Une compagnie franche (120 zouaves et chasseurs à pied, capitaine Juneau) était chargée de les soutenir. L'ordre est donné de marcher sans bruit et d'attaquer à la baïonnette; on ne fera pas de prisonniers. Par une nuit noire et pluvieuse, les Français traversent Glorieux, se partagent en deux colonnes pour gagner les flancs de la batterie, et commencent à gravir les pentes des Heyvaux. Guidés par deux hommes connaissant tous les détails du terrain [3], ils s'avancent silencieusement à travers les vignes, les haies, les broussailles. La chute de la pluie, les rafales du nord étouffent le bruit de leurs pas. Les deux colonnes parviennent à quelques mètres de la batterie sans que rien décèle leur approche. Les factionnaires

---

[1] Documents officiels et inédits.

[2] « Le 65e évacuait provisoirement ses positions avancées sur les deux rives de la Meuse, en continuant toutefois à faire occuper par des grand'gardes celles des batteries dans lesquelles, pour éviter des transports répétés, on laissait les grosses pièces de siége après les avoir chargées à mitraille. » (Relation de l'état-major prussien.)

[3] Mouteaux, sergent-major au 2e tirailleurs indigènes, né à Regret; Pierre, propriétaire. Le guide Pierre tua le premier Prussien d'un coup de baïonnette, fut renversé d'un coup de crosse, se releva et combattit. — M. Pierre est chevalier de la Légion d'honneur du 21 octobre 1870.

donnent enfin l'alarme! Ils sont à l'instant percés de coups. A la voix de leurs chefs, enlevés par des sous-officiers vigoureux, les assaillants s'élancent sur les talus. Les Prussiens sont surpris ; ils ne peuvent décharger qu'une seule pièce à mitraille ; un faisceau de fusils est renversé avant que la garde soit armée. Les Français pénètrent de toutes parts dans la batterie. Au milieu de l'obscurité, à la lueur des coups de feu s'engage une mêlée confuse. La résistance est énergique. Le clairon du capitaine Juneau est tué en défendant son chef. L'arrivée successive des assaillants surmonte enfin la ténacité des Allemands ; ils succombent et s'enfuient précipitamment sous des décharges meurtrières, laissant sur le terrain une vingtaine d'hommes hors de combat et six prisonniers. Nous avons deux tués et quatre blessés. On encloue rapidement les pièces ; on se hâte de regagner la place pour éviter le choc des réserves prussiennes qui accourent de Thierville[1]. Quand les Allemands rentrent dans la batterie, nos hommes ont déjà disparu au milieu des ténèbres. Malheureusement, la précipitation de l'enclouage n'avait donné que des résultats incomplets. L'ennemi put désenclouer plusieurs pièces. On s'en aperçut à quelques coups d'essai tirés deux jours après. Le général comprit qu'il fallait demeurer sur les hauteurs pendant plusieurs heures s'il voulait détruire efficacement le matériel. Ce n'était plus un coup de main à exécuter, c'était une attaque générale à combiner.

Le 27 octobre, à dix heures du soir, le commandant supérieur de Verdun réunit ses principaux officiers et arrêta le plan d'une sortie générale sur les deux rives de la Meuse. On résolut d'attaquer les plateaux de Saint-Michel et de Blamont, de les occuper et de détruire toutes les batteries. A deux heures, les troupes sont réveillées sans bruit, les ordres donnés avec le calme et le sang-froid qu'exige le moral du soldat toujours impressionnable. La partie disponible de la garnison se concentre à la porte Chaussée et à la porte de France. Une partie du 80e, des gardes mobiles, quelques volontaires de Verdun, formant un millier d'hommes, doivent opérer sur la rive droite ; le major de Turckeim commande cette colonne. La seconde est composée des deux compagnies franches, d'une partie du 57e, de gardes mobiles du 1er bataillon, de chasseurs à cheval et de deux pièces attelées. Son effectif ne dépasse pas 1,200 hommes. Comme la première, elle est précédée par des escouades de sapeurs et d'artilleurs.

---

[1] Relation de l'état-major allemand : « La garnison ne cède le terrain que devant les renforts accourus de Thierville. »

Le réverbère du corps de garde de la porte de France projette de vagues lueurs sur les sombres lignes des troupes immobiles. Les baïonnettes étincellent au canon des fusils. Le général Guérin de Waldersbach donne à haute voix ses dernières instructions. A droite, le 57e contiendra la garnison de Thierville et ne lui permettra pas de secourir les défenseurs des batteries. Au centre, les compagnies franches occuperont les Heyvaux et Blamont. A gauche, le commandant de Nettancourt, avec ses gardes mobiles et une compagnie du 57e, arrêtera les Prussiens de Regret. A l'extrême gauche, le sous-lieutenant Phélix surveillera la côte Saint-Barthélemy. Le signal du départ est donné avant cinq heures; la porte s'ouvre; la troupe défile. Aux premiers pas dans la campagne, on peut croire que l'entreprise est manquée. Des factionnaires maladroits fusillent, du parapet de la citadelle, la colonne qui longe le glacis; des chevaux hennissent; le jour se lève. Mais la fortune favorise nos efforts. Tout rentre dans le silence. Une brume intense s'étend rapidement et enveloppe nos troupes qui glissent dans l'obscurité renaissante. Les compagnies franches disparaissent derrière Glorieux; le 57e débouche dans la plaine de Thierville; Nettancourt s'avance dans le vallon de la Scance; Phélix commence à gravir les pentes de Saint-Barthélemy.

Tout à coup, au sommet de Blamont, éclate un coup de fusil, puis un coup de canon, et à l'instant s'élève une immense clameur: « En avant! à la baïonnette! » suivie d'un tumulte et d'une fusillade retentissante. Une seconde fois, les soldats expérimentés des compagnies franches ont paru à l'improviste sur les flancs de la batterie des Heyvaux, et accablent les Prussiens qui fuient en désordre [1]. La mousqueterie se répète alors sur les deux rives de la Meuse, et, de l'est à l'ouest, à Belleville, Thierville, Regret et Saint-Barthélemy, toute la ligne française est engagée.

Sortant de la porte Chaussée, la colonne Turckeim s'est divisée en deux parties; la gauche suit la route de Belleville et rencontre les Prussiens établis sur la voie transversale du chemin de fer et dans les premières maisons du village; la droite se dirige vers la côte. Les postes qui gardent ces hauteurs sont promptement chassés, et les Français se répandent dans les tranchées. Les canons ont disparu. L'ennemi avait désarmé les batteries de la rive droite. On ne trouve qu'une pièce de 24 dont la roue a été brisée; on l'achève. Les tranchées sont bouleversées, les épaulements renversés, les abris et les magasins détruits par le feu.

---

[1] Le massacre du 20 octobre avait impressionné les troupes prussiennes; la garde de Blamont n'osa pas renouveler la première et sanglante défense que nous avons racontée.

Ce travail est couvert par un détachement qui descend le versant opposé de la côte et se déploie devant le bois Lecourtier, où se trouve la réserve prussienne; le reste de la troupe longe la crête pour prendre Belleville à revers. Menacés d'être enveloppés, les défenseurs de la voie ferrée et du village se précipitent et se heurtent aux Français descendant rapidement les pentes. Ce qui n'est pas pris ou tué s'enfuit vers le bois Lecourtier, poursuivi par les vainqueurs. Les Allemands, cantonnés à Bras, arrivent avec du canon. Nos tirailleurs fusillent vigoureusement le bois Lecourtier où l'ennemi s'est concentré. Mais notre offensive est terminée. On rappelle les combattants, et la colonne Turckeim rentre dans Verdun. Une arrière-garde se maintient à Belleville, et lorsque les Prussiens veulent réoccuper le village, les repousse énergiquement.

Nous étions moins heureux devant Thierville. Un combat inutile et meurtrier s'engageait dans la plaine. Le commandant du 57e avait judicieusement embusqué, à mi-côte et sur le chemin du village à Blamont, une compagnie dérobée aux feux de Thierville; mais la majeure partie des troupes était restée dans la plaine. Le terrain, sans arbre et sans ondulation, n'offrait aucun abri aux tirailleurs, à la réserve, à l'artillerie, à la cavalerie.

Réveillée par les bruits de Blamont, la garnison de Thierville nous avait distingués au jour naissant et s'était déployée derrière les haies ou murs de clôture qui précèdent le village du côté de la citadelle. Nos troupes étaient animées. Ces soldats qu'on a vus naguère effarés et timides dans la défensive, voulaient s'engager malgré les ordres. Un coup de fusil éclate. Les tirailleurs criblent aussitôt de leurs balles les murs de Thierville. L'artillerie s'avance et tire à mitraille. La cavalerie s'emporte, se précipite sur la route, et, le sabre à la main, charge une barricade qui ferme l'entrée du bourg. La fusillade précipitée des Prussiens balaye la plaine. Les cavaliers décimés sont obligés de disparaître pour ne pas être anéantis. Les deux pièces de canon ont à peine le temps de tirer quelques coups. Plusieurs servants sont mis hors de combat, la plupart des chevaux abattus; il faut que les artilleurs survivants, des fantassins et même des officiers s'attellent aux affûts et aux caissons pour les ramener sous une grêle de balles. La réserve est atteinte. En quelques minutes, nous avons soixante tués ou blessés [1].

Dans la vallée de la Scance, Nettancourt couvrait le flanc opposé

---

[1] On lit dans la relation de l'état-major prussien : « Cette colonne, soutenue « par le feu de deux canons de campagne tirant à mitraille, tente vainement à trois « reprises d'emporter Thierville, défendu par le 1er bataillon du 65e. Un parti de « chasseurs à cheval charge sur la barricade construite à l'entrée sud du village.

du plateau de Blamont et contenait la garnison de Regret sans s'abandonner à un emportement inutile et dangereux. Mais, à l'extrême gauche, Phélix, s'élevant sur la hauteur de Saint-Barthélemy, était venu se heurter à la maison Pierron, bien située sur la crête et fortement occupée. Malgré le feu qui décime ses soldats à cent mètres, le hardi jeune homme veut forcer ce poste. Battant la charge, appelant du renfort, Phélix dépasse ses tirailleurs et tombe mortellement atteint. Près de lui meurt le sergent Finelli, l'un des meilleurs soldats de la garnison. Néanmoins, quelques tirailleurs demeurés sans blessures continuent le feu, se maintiennent sur le terrain, arrêtent l'ennemi. Ils méritent ainsi l'honneur de rapporter le cadavre de leur chef, leurs blessés et leurs armes[1].

Ces engagements meurtriers étaient regrettables, mais notre succès était complet à Blamont. Les compagnies franches avaient parcouru le plateau et chassé les hommes qui le défendaient. Le génie et l'artillerie avaient encloué les canons en batterie, rompu les affûts en faisant éclater des sacs de poudre amorcés, enlevé les écouvillons et bouleversé les travaux.

Les pertes des troupes engagées étaient sensibles. Nous comptions 1 officier tué, 96 sous-officiers et soldats tués ou blessés, presque tous devant Thierville et sur Saint-Barthélemy. La prise de Blamont n'avait coûté que deux hommes hors de combat. Dans l'affaire de la rive droite, sept ou huit hommes avaient été blessés.

Les Allemands n'avouent que trente hommes frappés par notre feu.

Un officier du 65e prussien, quarante sous-officiers ou soldats avaient été faits prisonniers à Belleville.

Cette victoire complétait les échecs subis par les Prussiens sous les murs de la cité qu'ils qualifiaient d'opiniâtre. L'assiégeant

_____

« Il est refoulé par des feux de salve. Dès 7 heures, la lutte cessait sur ce point, « et les Français regagnaient la place. »

L'infanterie et l'artillerie avaient ouvert le feu à 250 mètres ; une ambulance avait été installée à 400 mètres du village, sous le tir direct de la mousqueterie.

[1] Relation de l'état-major prussien : « La colonne de gauche avait lancé des ti- « railleurs de Glorieux, à travers les vignes de la côte Saint-Barthélemy, dans la « direction de la ferme Pierron, où ils se heurtaient à la 10e compagnie. A 9 heures « du matin, une attaque exécutée par cette dernière mettait fin au combat, qui « avait cessé depuis une demi-heure déjà sur l'autre rive. »

Notre retraite de la Scance et de la maison Pierron fut volontaire; les Prussiens suivirent quelques tirailleurs formant arrière-garde, et disputant encore le terrain à coups de fusil. L'ennemi ramassa devant la maison Pierron nos cadavres, un sous-officier blessé qui fut oublié dans un fossé, et le képy du sous-lieutenant Phélix dont ils firent parade en rentrant à Regret, au témoignage des habitants recueilli par l'abbé Gabriel.

reconnut une fois de plus son impuissance et demanda des renforts, sans lesquels il se déclarait incapable de maîtriser un assiégé assez audacieux pour entrer dans ses lignes. Sa demande pressante fut accueillie; l'armée de Frédéric-Charles envoya immédiatement un bataillon de chasseurs, trois bataillons d'infanterie de ligne, deux compagnies de pionniers. Ces troupes arrivèrent devant Verdun le 31 octobre.

Dans la ville, la population rendait hommage à la valeur du général qu'elle avait longtemps méconnue. L'heureuse action du 28 octobre restituait aux chefs et aux soldats cette confiance réciproque sans laquelle il n'est pas d'armée. La garnison, contente d'elle-même, était prête à courir à de nouvelles entreprises. Mais un même jour devait exalter l'orgueil de Verdun et renverser tout son courage. Quelques heures après la rentrée des troupes victorieuses, une nouvelle sinistre circula dans la place. Bazaine avait capitulé! Metz était rendu! L'armée française n'existait plus! En septembre, le désastre de Sedan avait irrité Verdun sans l'abattre. Toutes ses espérances s'étaient reportées sur la grande armée du Rhin, qu'on savait entière et debout à deux marches de la ville. Or, cette suprême ressource disparaissait tout à coup, et les deux cent mille Prussiens de Frédéric-Charles, libres de leurs mouvements, allaient se répandre comme un torrent dans la direction de la Meuse! Verdun se crut perdu. Les notables, profondément inquiets, déclarèrent qu'il était urgent de prévenir d'irréparables malheurs et de sauver la cité en terminant une résistance dont ils ne comprenaient plus l'utilité. « La catastrophe de Metz ne décidait-elle pas « la chute de la France et la guerre pouvait-elle être prolongée ? « Un armistice était discuté entre le roi de Prusse et le gouverne- « ment de la Défense nationale. Etait-il juste d'exposer Verdun à « une destruction complète quand la paix était sur le point d'être « conclue? Un tel sacrifice devenait odieux en devenant inutile ! « L'autorité militaire avait le devoir d'apprécier ces circonstances « et l'obligation de ne pas immoler la population au fanatisme du « point d'honneur ! » Ainsi raisonnait la haute bourgeoisie. Il appartenait au maire de Verdun d'être l'interprète de ses principaux concitoyens et du conseil municipal. Au surplus, son opinion n'était pas douteuse. Lors du passage de l'Empereur, il avait manifesté à Napoléon III ses appréhensions sur le sort de sa ville, qu'il jugeait incapable d'une résistance prolongée[1]. Après le malheur de Metz, il se croyait tenu de faire auprès du commandant supérieur les derniers efforts pour sauver ses concitoyens de l'affreux péril dont ils lui paraissaient menacés.

[1] Déposition de M. Benoît, maire de Verdun, au procès du maréchal Bazaine.

Le général Guérin et ses officiers envisageaient avec une égale anxiété la situation nouvelle que leur faisaient les événements. Ils connaissaient l'immense matériel contenu dans le grand arsenal de Metz, et ne doutaient pas que l'ennemi n'accumulât promptement contre Verdun les puissants moyens d'action tombés en son pouvoir. Un épouvantable bombardement, alimenté sans interruption par d'innombrables projectiles, leur paraissait chose sûre et prochaine. La ville allait être anéantie. Tel était l'état d'esprit du gouverneur de Verdun lorsque, le 2 novembre, le maire vint lui faire connaître les craintes et les prières de ses concitoyens. Il fit ressortir leur courage, leur dévouement, les volontaires, l'argent, les secours aux blessés, qu'ils avaient libéralement donnés, et demanda que ce patriotisme, cette bravoure, cette générosité, eussent une autre récompense que la ruine et la mort. L'honneur était satisfait, l'humanité devait faire entendre sa voix. Le devoir militaire ne pouvait exiger la destruction d'une cité intéressante à tant de titres. Ces paroles furent confirmées par une lettre dont nous publions le texte pour la première fois :

« Verdun, 2 novembre 1878.

    « Mon général,

    « J'ai fait connaître au conseil municipal les deux entretiens que
« j'ai eu l'honneur d'avoir avec vous ce matin. Le conseil a été
« touché de votre sollicitude pour la ville de Verdun et a approuvé
« ma conduite et mon langage ; il a déclaré que j'avais été l'inter-
« prète fidèle de ses sentiments et de ceux de la population.
    « En terminant cette lettre, permettez-moi, mon général, de faire
« un dernier appel à vos sentiments de justice et d'humanité en
« faveur d'une population si courageuse, si dévouée, et de vous
« supplier de ne pas la sacrifier à une cause qui ne serait pas
« exclusivement l'intérêt de la France.
    « L'honneur étant sorti triomphant des journées des 13, 14,
« 15 octobre, c'est à votre cœur que je parle, mon général, et il ne me
« repoussera pas, j'en suis convaincu.
    « Veuillez, etc.

« BENOÎT. »

Il était habile d'invoquer les sentiments d'humanité du général Guérin qui lui étaient communs avec presque tous les officiers supérieurs de notre armée, peu soucieux de faire détruire les hommes et les biens que leur mission est, au contraire, de protéger. Décidé à remplir son devoir militaire, Guérin de Waldersbach demeurait néanmoins fort perplexe en se représentant le résultat probable de sa ténacité : Verdun incendié, ses habitants écrasés sous les décombres [1]. On admire et on a raison d'admirer les hommes énergiques qui soutinrent autrefois les siéges terribles que l'histoire raconte en frémissant : Palafox dans Saragosse, Masséna dans Gènes, Philippon dans Badajoz, d'autres encore dont les noms échappent à la mémoire. Mais à quel prix cette gloire ! que de ruines ! que de sang ! que de désespoirs ! Le fracas des armes, la fumée des combats, la grandeur des événements dérobent à une postérité qui ne souffre pas de ces cruautés, les tortures et les malédictions des victimes que les héros ont sacrifiées à leur réputation militaire. Combien cependant existe-t-il de ces hommes de fer, sourds aux cris des misérables, impitoyables aux souffrances qu'ils imposent, capables de fouler aux pieds la pitié, la sainte pitié? Combien peu de généraux, et des meilleurs, voudraient infliger à leur vieillesse le souvenir pénible de Français écrasés sous des ruines fumantes par le fait de leur implacable volonté? Soldat fidèle et brave, Guérin de Waldersbach se demandait si le législateur militaire avait entendu lui imposer l'horreur de sacrifier ses compatriotes au démon de la guerre, et n'osait croire à des exigences que réprouve l'humanité. En outre, une incertitude cruelle troublait sa fermeté. Avait-il le droit de prononcer le supplice de Verdun quand quelques jours peut-être nous séparaient d'une paix probable ? Ne serait-il pas blâmable de prendre cette décision terrible sans avoir préalablement cherché à savoir la situation extérieure qu'il connaissait imparfaitement, sans avoir demandé les ordres du gouvernement qui seul avait qualité pour prescrire l'immolation d'une cité française au salut national? Or, il fallait se hâter, car toutes les informations annonçaient l'imminence du bombardement ! Guérin de Waldersbach crut donc concilier toutes ses obligations en priant son adversaire, le général de Gayl, de transmettre au roi de Prusse une demande d'armistice de huit jours, qui lui permettrait de consulter le gouvernement français sur l'opportunité et l'utilité d'une résistance désespérée. En même temps, il fit sortir secrètement, sous un déguisement, un de ses officiers, porteur d'une lettre adressée au ministre de la guerre. Cet officier traversa les lignes d'investissement, gagna la Belgique et se dirigea vers Tours.

---

[1] Les maisons en ruine tombant sur les habitants, ont décidé la perte de Mézières après vingt-quatre heures de bombardement, le 1er janvier 1871. L'incendie de Thionville éclairait à 2,200 mètres les travaux d'approche. Trois compagnies de pionniers allemands furent chargées de combattre le feu, qui continuait encore sur beaucoup de points après la reddition de la ville. Trois jours de bombardement, 8,500 projectiles avaient détruit les casernes, les édifices publics et un grand nombre de maisons particulières; la ville était étroite, les habitations entassées. La situation de Verdun est meilleure, ses quartiers moins serrés, ses demeures plus espacées.

La communication du gouverneur de Verdun surprit agréablement les Prussiens qui n'attendaient plus de lui que des coups de canon. Gayl crut même que le « moment psychologique » était arrivé et voulut profiter sur-le-champ de la situation morale qu'une telle ouverture laissait entrevoir. Son parlementaire reparut et déclara qu'il n'y avait pas lieu de compter sur une réponse de Versailles. Le général était, en conséquence, invité à négocier immédiatement la reddition de sa forteresse. Déjà se révélait l'inconvénient d'une démarche dont le patriotisme et la loyauté du général Guérin n'avaient pas calculé toutes les conséquences. Toutefois la tentative de Gayl fut repoussée péremptoirement. Il s'agissait d'armistice et non de capitulation. Le Prussien comprit qu'il fallait attendre et consentit à suspendre les hostilités jusqu'au jour où Versailles se déciderait à répondre.

La prompte possession de Verdun était ardemment désirée par les Allemands. Ils approvisionnaient difficilement leurs armées aventurées dans l'intérieur de la France, car les routes principales de l'Est et les voies de fer demeurèrent longtemps interceptées par nos places fortes. Aussi avaient-ils renoncé provisoirement à bombarder Paris, malgré les cris de la vertueuse Allemagne qui voulait brûler Babylone. Leurs embarras s'accroissaient en raison des forces nouvelles appelées de Metz sur la Loire et la Somme. Déjà Verdun avait gêné les communications de Saxe. Elle allait encore contrarier les étapes de Manteuffel, en marche vers la Picardie. En outre, elle tenait la tête d'un chemin de fer qu'on pouvait utiliser. Sa garnison immobilisait douze mille hommes. De là les premières tentatives demeurées infructueuses ; de là les nouveaux efforts qu'on se proposait de tenter encore. L'état-major venait de confier à deux officiers généraux la mission de reconnaître la force de la place. Un colonel du génie devait prendre la direction des travaux. Nous avons dit les renforts et les pionniers arrivés le 31 octobre. On amenait de Metz 50 ou 60 pièces prussiennes qui avaient renforcé les lignes de Frédéric-Charles pendant le blocus, et auxquelles on pouvait joindre les pièces françaises réparées ou sauvegardées des coups de main des 20 et 28 octobre. Sept compagnies d'artillerie de forteresse arrivaient pour les servir. Le général de Moltke était même disposé à employer un des corps d'armée du général Manteuffel pour accélérer la reddition de la place. Manteuffel s'ébranlant après le départ de Frédéric-Charles, arrivait à Etain le 7 novembre. Son concours ne fut pas jugé indispensable par les ingénieurs allemands qui reconnurent Verdun le 6 et le 7. Ils déclarèrent que la place ne résisterait pas aux puissants effets de leur grosse artillerie. Les travaux préliminaires d'un siège en règle étaient commencés. En prévision d'une résistance désespérée, on établissait des baraquements pour préserver les troupes des atteintes de la saison rigoureuse. Le parc du génie s'installait à Fromeréville, le parc d'artillerie à Sivry-la-Perche. Dans le plan d'attaque, le front 65-66 de la citadelle était désigné comme l'objectif principal et on avait décidé l'ouverture d'une parallèle.

Les travaux entrepris sur plusieurs points de la ligne d'investissement, le passage des voitures, la construction d'un pont à Charny [1], l'arrivée successive du matériel, rapportés et grossis par les paysans, exagérés par l'inquiétude de l'assiégé, l'impressionnaient vivement. La municipalité et les notables cherchaient à circonvenir le commandant supérieur et attendaient sa décision comme on attend un arrêt de vie ou de mort. Les principaux officiers ne croyaient pas à la possibilité de résister plusieurs jours. Ils portaient tour à tour leurs regards mélancoliques sur les hauteurs d'où l'ennemi les plongeait, sur leurs médiocres défenses, leurs vieux canons de bronze, et cette comparaison était loin de les rassurer.

Depuis le 15 octobre le génie et l'artillerie, mettant à profit l'expérience acquise par le bombardement, avaient entrepris de nouveaux travaux; mais un peu de terre et quelques blindages pouvaient-ils conjurer les redoutables effets de l'immense matériel qu'on croyait déjà sur les hauteurs ou prêt à les gravir? L'artillerie s'efforçait de se garantir plus efficacement et développait ses traverses pour se mettre à l'abri des feux de flanc. La courtine 65-66 avait été garnie de pièces rayées et de mortiers en prévision d'une attaque principale par Blamont et les Heyvaux. Toutefois aucune pièce n'était couverte. Le génie redoublait d'activité. Il réparait les commencements de brèche ouverte aux escarpes de la citadelle, abattait des arbres, retirait des rails de la gare et de la voie ferrée pour faire des blindages, contrebattre un affouillement dangereux au barrage Saint-Nicolas et couvrir les bâtiments militaires [2]. Ainsi de fortes poutres avaient été posées en arc-boutant sur les murs de la caserne à l'épreuve située dans la citadelle, pour masquer les ouvertures du

---

[1] Le *Journal des Sciences militaires* a décrit, en mai 1873, l'appareil que combinait le capitaine Bussière, du génie, pour détruire ce passage. Cet officier voulait livrer au courant de la Meuse une torpille, contenant 350 kilogrammes de poudre, et enfermée dans une sphère métallique. La boule, roulant sur le lit de la rivière, devait éclater dans un temps calculé par un mouvement d'horlogerie.

[2] Suivant Gœtze : « Les nombreuses poudrières de la place et les bâtiments de « l'artillerie, situés dans la citadelle, étaient pour la plupart fort mal couverts, et « pouvaient être détruits par un bombardement. » (*Opérations du corps du génie allemand*.) La résistance des blindages avait été calculée sur les effets de notre artillerie rayée. Le génie n'avait aucune donnée officielle sur la puissance des canons d'acier chargés par la culasse.

rez-de-chaussée; les fenêtres de l'étage supérieur étaient bouchées avec de grands sacs à terre. Mais il ne paraissait pas possible de couvrir efficacement la caserne Saint-Paul, en prise au tir direct de Saint-Michel. Depuis l'entière destruction de la caserne Saint-Vannes, la plus grande partie du 57e avait trouvé [un refuge dans la caserne-abri de la citadelle, encore inachevée, et couchait sur la paille, exposée aux intempéries de l'air, mal garantie contre les obus par quelques poutres [1].

Cette malheureuse troupe était en outre médiocrement nourrie. Pendant le bombardement les cuisines avaient été incendiées. La cuisson des aliments était devenue difficile. Les chambres des sergents-majors, leur comptabilité, leurs caisses, avaient été dévorées par les flammes. Un certain désordre s'était introduit dans la gestion de l'ordinaire. La négligence des commandants de compagnie abandonnait le soldat à l'indigne exploitation de misérables subalternes. La rareté de la viande ajoutait aux privations des hommes dont les forces se seraient affaiblies sans la ration de pain abondante et saine, et quelques distributions de vin et d'eau-de-vie.

Tandis que les chefs militaires et les notabilités civiles attendaient avec anxiété la réponse de Versailles, la population et l'armée regardaient avec une extrême attention les hauteurs environnantes assez rapprochées pour permettre de distinguer, par un temps clair, les vedettes allemandes, et cherchaient, sans les voir, les canons et les parapets qu'on déclarait mis en place et terminés. Mais le général de Gayl avait donné sa parole de soldat que Verdun allait être foudroyé par 140 pièces de position et 2,000 artilleurs soutenus par 15,000 baïonnettes. Aussi l'assiégé s'attendait à recevoir d'un instant à l'autre les décharges de l'artillerie prussienne, et sa conviction était telle, que, le 7 novembre, dernier jour de la suspension d'armes, à 2 heures de l'après-midi, il mit tous ses canonniers sur le rempart avec ordre de riposter vigoureusement jusqu'à 8 heures du soir, acte de résignation vraiment méritoire, car il était persuadé que le feu de la place serait éteint en quelques heures et la ville détruite en un jour. Le commandant du génie avait désigné les sapeurs qui devaient arborer, au milieu des projectiles, le drapeau blanc sur les tours de la cathédrale quand l'incendie commencerait à dévorer Verdun. Au même instant le parlementaire prussien apportait enfin la réponse de Versailles.

---

[1] Les galeries d'escarpe et autres abris à l'épreuve avaient été réservés aux officiers et aux approvisionnements de réserve.

Le général de Moltke refusait un armistice, exigeait la reddition de la place dans les 24 heures, sinon le bombardement allait commencer sur-le-champ ; toutefois il concédait la restitution du matériel, des armes, des canons, après la signature de la paix, et garantissait la possession de Verdun à la France. « Le Danois silencieux » faisait ainsi preuve d'une remarquable sagacité. Il maintenait l'assiégé sous l'impression des craintes qu'il avait conçues, prenait la forteresse, enlevait la garnison, ne donnant en échange que des avantages illusoires, car il n'entrait pas dans les projets de son gouvernement de s'annexer le territoire français jusqu'à la Meuse, et il ne s'obligeait à nous rendre les vieilles murailles et le vieux bronze de Verdun qu'après les avoir tenus dans ses mains pendant toute la guerre. C'était une capitulation ; il fallait mettre bas les armes. L'orgueil du général Guérin se révolta contre cette perspective. Le vieux soldat parla de se porter en personne sur le rempart et de tomber sous le feu de l'ennemi pour ne pas rendre son épée. Mais l'affreuse perspective de la ville incendiée, de la population assassinée, se représentait toujours à ses yeux et le troublait. Ebranlé par les représentations des uns, les supplications des autres, il se plut à considérer que la convention proposée conservait la ligne de la Meuse à la France et ce résultat consola son patriotisme. La restitution d'un matériel de guerre évalué à plusieurs millions, armes, équipages, chevaux, munitions, approvisionnements, l'hommage publiquement rendu par son adversaire à son courage, diminuèrent l'amertume de ses regrets. Il signa.

On a discuté plusieurs fois les affirmations du général de Gayl et l'avancement des travaux du siége lorsque la place se rendit. Les partisans de la capitulation ont déclaré que le bombardement aurait pu commencer le 5 novembre. Leurs contradicteurs répliquent que les assertions de l'ennemi étaient mensongères. Suivant l'un d'eux, Verdun s'est rendu à des canons qui n'étaient pas arrivés [1].

La vérité se trouve entre ces prétentions opposées. Les ouvrages officiels ou techniques édités par les Allemands nous révèlent la situation réelle de l'assiégeant.

Gœtze dit : « 60 bouches à feu de gros calibre et 7 compagnies « d'artillerie de place furent dirigées de Metz sur Verdun le 6 no- « vembre.

« Les préparatifs de l'attaque en règle étaient assez avancés « pour qu'on pût commencer les batteries, et des bouches à feu en

---

[1] Expression d'un contradicteur anonyme. (*Courrier du Dimanche*, 1873.)

« nombre suffisant, avec leur approvisionnement en munitions,
« étaient ou arrivées ou attendues dans quelques jours, lorsque le
« gouverneur de Verdun se détermina à conclure une capitulation
« à des conditions relativement avantageuses.

«   ...... La formation du corps de siége de Thionville fut retardée
« parce que les 60 pièces de gros calibre qui avaient été employées
« au blocus de Metz avaient été envoyées à Verdun le 6 novembre. »

«   ...... Une compagnie de pionniers entreprit, le 4 novembre, à
« Charny, l'établissement sur la Meuse d'un pont en matériaux im-
« provisés. »

Ce pont était indispensable pour transporter sur la rive gauche
le matériel arrivant de Metz et alimenter régulièrement le parc d'artillerie. Une crue de la Meuse allait noyer le gué de Charny.

L'état-major prussien est encore plus affirmatif. « Vers la fin
« d'octobre et dans les premiers jours de novembre, les renforts
« envoyés par la I⁰ armée arrivaient à Verdun, ainsi que des
« pièces prussiennes et plusieurs compagnies d'artillerie. Le parc
« de siége comptait alors 102 bouches à feu et se trouvait large-
« ment approvisionné en munitions. Le 3 novembre, à la vue des
« préparatifs entrepris pour l'attaque régulière de la place, son
« commandant sollicitait une suspension d'armes [1]. »

Cependant l'officier que le général Guérin avait dépêché à Tours
accomplissait sa mission. Il reçut de M. Gambetta, ministre de l'intérieur et de la guerre, une réponse aux communications du commandant de Verdun, mais cette lettre ne pouvait plus changer les
événements qui s'accomplissaient en ce moment. Nous transcrivons
le texte inconnu de ce document :

                                    « Tours, 7 novembre 1870.

        « Général,

« J'ai l'honneur de vous remercier de votre communication. Je
« suis heureux de pouvoir vous exprimer toute la reconnaissance
« et l'admiration des membres du gouvernement pour la manière
« dont vous gardez Verdun. Vous voudrez bien exprimer à toutes
« les troupes les sentiments dont nous sommes pénétrés et qui sont
« ceux de la France entière.

« Il est consolant, fortifiant pour nos âmes, de voir, au milieu de
« défections injustifiables, ce que peuvent les vrais soldats de la
« France, ceux qui savent rester les témoins et les soutiens de sa
« vieille renommée de bravoure.

« Continuez à tenir ; Paris prolonge sa résistance ; la province

---

1 Nous estimons que le feu aurait commencé vers le 12 novembre.

« s'est mise en mouvement et l'hiver peut nous amener le retour de
« la bonne fortune à force d'union et d'énergie.

« Les négociations d'armistice sont rompues, principalement sur
« la question de ravitaillement. Le gouvernement de la Défense na-
« tionale avait posé le ravitaillement de toutes les places assiégées
« comme une condition *sine quâ non*. Tout a été refusé, ainsi nos
« passions doivent exclusivement se tourner vers la résistance
« à outrance.

« Comptez sur nous, comme nous comptons sur vous-même,
« et veuillez agréer l'expression de mes sentiments de haute es-
« time [1].

« Léon GAMBETTA. »

La capitulation de Verdun écartait les dangers qui menaçaient
la ville, et plusieurs articles protégeaient les habitants contre les
inconvénients de l'occupation militaire. Les gardes mobiles ori-
ginaires de Verdun demeuraient libres, mais la garnison devait
être désarmée et conduite dans les prisons de l'Allemagne, sans
même qu'on eût stipulé, afin de ménager son amour-propre, les
honneurs de la guerre. Cette fin était pénible, particulièrement
pour les anciens soldats de l'armée de Sedan. Ces malheureux re-
tombaient sous le joug impérieux et brutal auquel ils s'étaient dérobés dans l'espoir d'une destinée meilleure. Sans doute ils n'appe-
laient pas de tous leurs vœux le bombardement effroyable que
certains individus annonçaient publiquement en des termes propres
à démoraliser les plus résolus, mais leur humeur aventureuse s'ac-
commodait d'une tentative de passage à travers les lignes d'inves-

---

[1] Après la capitulation, le même ministre écrivit au général la lettre suivante :

« Tours, 20 novembre 1870.

« Général,

« Je reçois votre rapport sur la capitulation de la ville que vous avez noblement
défendue; j'ai également en main le texte de la convention, et j'y trouve la
preuve que vous avez su obtenir des conditions conformes à la dignité et aux
intérêts de votre pays.

« Il eût peut-être été matériellement possible de continuer à subir quelques
heures de plus le feu des assiégeants; mais je reconnais que l'odieuse reddition
de Metz a amené sous vos murs une telle masse de forces, que le conseil de défense de la place de Verdun n'a point méconnu ses devoirs en déclarant une plus
longue résistance impossible.

« Je désire que votre captivité soit adoucie par la pensée que le gouvernement
de la Défense nationale reconnaît que vous avez fait votre devoir de soldat et de
général jusqu'au bout.

« Agréez, etc.

« *Le ministre de l'intérieur et de la guerre,*
« Léon GAMBETTA. »

tissement. Dans la nuit du 7 au 8, les hommes exaltés résolurent de forcer les portes et de se jeter dans la campagne. Un groupe nombreux du 57e prit les armes à la citadelle, méconnut l'autorité du capitaine adjudant-major et descendit dans la ville où il fit jonction avec d'autres bandes. On redoutait un soulèvement général. Il fallut de grands efforts et l'intervention de Marmier, toujours populaire, pour calmer et dissiper les rebelles qui se disaient trahis, suivant l'antique usage de la race gauloise. Toutefois quarante hommes déterminés parvinrent à se faire ouvrir la porte qui fait face au plateau de Saint-Barthélemy. Une heureuse inspiration leur fit longer l'inondation et gagner la forêt, où ils ne furent arrêtés par aucune troupe. La garnison, évitant ou accablant le poste avancé devant lequel le lieutenant Phélix avait trouvé la mort, aurait pu, comme eux, filer sous le couvert et déboucher par la lisière opposée devant Nixeville (380 habitants) et la ferme de Frana qui étaient occupées par la landwehr. Une fausse attaque retenant cette troupe dans son cantonnement, les cinq mille soldats de Verdun se seraient engagés sur la route nationale de Clermont-en-Argonne. A 18 kilomètres de la place ils trouvaient Dombasle et deux chemins pour les conduire en une heure dans les premiers taillis de la forêt de Hesse. Au delà se continuent les terrains montueux et boisés de l'Argonne et des Ardennes. On devait perdre dans des marches rapides et pénibles tous les hommes faibles ; les gardes mobiles auraient regagné leurs familles, mais le reste avait assez de fidélité pour suivre ses chefs et rallier Mézières. L'armée du Nord, en formation [1], aurait donc reçu quelques cadres, de nombreux sous-officiers, un précieux contingent de pionniers, d'artilleurs, de cavaliers, de fantassins réguliers. Dans la situation que les événements avaient faite à la France aux premiers jours de novembre, l'effet moral eût été grand.

Nous énonçons la possibilité d'une sortie sans dissimuler que la garnison risquait de tomber au milieu de plusieurs cantonnements [2]. La cavalerie pouvait l'atteindre. La fortune lui réservait peut-être

---

[1] La création des armées nouvelles était ignorée à Verdun.

[2] Itinéraire : De Verdun à Nixeville, par les bois, 10 à 12 kilomètres. Route nationale de Clermont, entre Nixeville et la ferme de Frana, distantes l'une de l'autre de 2 kilomètres et demi. De Nixeville à Blercourt, 4 kilomètres et demi. De Blercourt à Dombasle, 4,600 mètres.

Sur les flancs : au sud-est, Lempire, 107 habitants, 3,200 mètres de Nixeville. Au nord, Sivry-la-Perche, 487 habitants, petit cantonnement, parc d'artillerie, 3,000 mètres de Frana, 6,000 de Nixeville et de Dombasle. Au delà, Froméréville, fort cantonnement, cavalerie; 3,400 mètres de Sivry, 6,000 de Frana, 9,000 de Nixeville, 10,000 de Dombasle.

En appuyant au sud-ouest, dans le but d'éviter l'atteinte du détachement cantonné à Sivry, on passait par Nixeville, Brocourt, Brabant-en-Argonne, et on arri-

le malheur d'être accablée ou enveloppée, dispersée ou massacrée. Tout acte audacieux offre des chances de défaite comme de réussite. La crainte d'un désastre paraît avoir détourné le gouverneur de Verdun de méditer un projet d'évasion. Les dernières informations lui faisaient croire que les environs étaient déjà couverts par les forces de Frédéric-Charles et Manteuffel. Il répugnait d'ailleurs au général Guérin de tenter une pareille aventure et de laisser à la merci des Prussiens la ville qu'on lui avait confiée. Heureuse ou malheureuse, sa fuite annulait tous les bénéfices de la capitulation dictée par le général de Moltke. Or, l'assiégé s'attachait fortement à cette convention, que sa position désespérée lui faisait considérer comme très-avantageuse. Le conseil de défense l'approuvait. La majeure partie des officiers l'acceptait[1].

La nuit du 7 au 8 avait été agitée. La journée fut violente. L'autorité du commandement avait perdu son prestige sur le soldat mécontent. Elle avait même cessé d'être présente à sa pensée, car aucune proclamation, aucun ordre du jour ne faisait connaître officiellement aux troupes la situation nouvelle, ni ne révélait les conditions qui donnaient à la capitulation un caractère honorable. Abandonnés à eux-mêmes, laissés sans vivres, les hommes appréhendaient le retour des souffrances endurées à l'île d'Iges. Sachant que les caves de la citadelle étaient remplies d'approvisionnements de réserve, ils brisèrent les portes à coups de hache et remplirent leurs sacs de lard et de biscuit. Si le soldat s'était borné à cette distribution irrégulière, l'inconvénient eût été médiocre; mais quand on a laissé le désordre commencer, on ne peut plus l'arrêter. Un grand nombre se jetèrent sur le vin et s'enivrèrent. D'autres imaginèrent de vendre à vil prix les denrées qu'ils ne pouvaient emporter et trafiquèrent avec les habitants[2]. L'intendant et les officiers accourus à la hâte s'efforcèrent vainement d'arrêter ce pillage. On refusa d'obéir, et la troupe termina cette triste journée en déchargeant ses fusils dans les rues, les cours et les casernes, en guise de récréation, au risque des plus grands mal-

---

vait à Clermont, 29 kilomètres de la place. Clermont avait une compagnie de landwehr.

Les quarante militaires évadés par Saint-Barthélemy se dirigèrent vers le sud et arrivèrent sans encombre à Ippécourt (30 kilomètres), où ils enterrèrent leurs armes et leurs uniformes. D'après l'abbé Gabriel, ces hommes gagnèrent Dijon sous des déguisements.

[1] Les Allemands ont exécuté la convention. En évacuant Verdun, leur dernier poste sur le territoire français, ils nous ont laissé le matériel.

[2] La municipalité reprit ces vivres aux gens qui s'étaient rendus complices de ce pillage. Aux termes de la capitulation, les approvisionnements devaient être restitués à l'État.

heurs. On s'estima heureux de ne relever que trois ou quatre blessés [1].

Le 9 novembre, jour fixé pour la remise de la place, mit un terme à ce tumulte. La garnison désarmée se laissa conduire sur les glacis où l'attendaient les escortes prussiennes. Immédiatement dirigée sur l'Allemagne, elle subit une pénible captivité que des événements ultérieurs prolongèrent jusqu'en juillet 1871.

Le siége de Verdun avait coûté aux Allemands, du 24 août au 28 octobre, 6 officiers et 45 hommes tués, 10 officiers et 240 hommes blessés, ensemble 301. Trois cent soixante-neuf prisonniers prussiens sont entrés dans la place. L'intendance française s'est déclarée hors d'état de dresser l'état exact de nos pertes. Néanmoins, en contrôlant divers renseignements, nous voyons que le nombre des militaires et gardes nationaux frappés par le feu de l'ennemi s'est élevé à deux cent cinquante. Quatre-vingt trois ont été tués ou sont morts des suites de leurs blessures. Six habitants ont été victimes du bombardement. Les hôpitaux ont reçu un millier de malades, dont une centaine a succombé.

La capitulation de Verdun a été critiquée en France et en Allemagne. Au delà du Rhin, on a marqué quelque étonnement des conditions exceptionnelles consenties à cette place, car aucune autre n'a été favorisée comme elle. Gœtze justifie ces concessions par des observations qu'il n'est pas sans intérêt de rapporter :

« Ces conditions furent accordées en considération de la vail-« lante conduite de la garnison, mais surtout parce qu'on avait un « besoin urgent du corps de siége et de sa nombreuse artillerie « contre d'autres places. Si Verdun avait tenu 8 à 15 jours de plus, « nul doute que la chute des places des Ardennes n'eût été consi-« dérablement retardée, parce qu'on n'avait qu'un seul parc de « siége pour Verdun et pour ces dernières places. Ce gain de « quelques jours a donc été de la plus haute importance, comme « l'événement l'a prouvé par la suite, en ce qu'il a permis de renfor-« cer l'armée du Nord en temps utile. »

En France, le conseil d'enquête, interprétant le règlement sur le service des places, a blâmé le commandant supérieur. Son avis motivé est le complément naturel de l'historique du siége de Verdun :

« Le conseil reconnaît que le général Guérin de Waldersbach a « fait preuve de courage, d'habileté et d'énergie, non-seulement en

---

[1] Des désordres semblables se sont produits dans la plupart des places fortes rendues à l'ennemi, en 1870 et 1871.

« supportant plusieurs bombardements, mais en organisant une
« défense très-active, en faisant exécuter par la garnison, dont il
« avait su entretenir le moral, des sorties fréquentes, vigoureuses,
« hardies, dans lesquelles il a souvent fait enclouer les pièces en-
« nemies, détruit les affûts, bouleversé les batteries, enlevé les
« convois ; qu'il a été très-bien secondé par les troupes et les offi-
« ciers placés sous ses ordres, et par l'artillerie dont le feu a été
« toujours très-vivement et habilement dirigé.

« Le conseil reproche au commandant supérieur d'être entré en
« négociations avec l'ennemi pour permettre aux habitants de la
« rive droite de la Meuse de faire leurs vendanges, et d'avoir ainsi
« facilité les rapports des espions et la reconnaissance des points
« sur lesquels les Prussiens pouvaient établir des batteries ou des
« tranchées [1].

« Considérant que la ville possédait des vivres en quantité plus
« que suffisante pour la nourriture de la garnison et de la popula-
« tion ; qu'aucune pression sérieuse n'a été exercée sur le conseil
« de défense par le conseil municipal ou les habitants, qui se sont
« au contraire toujours montrés pleins d'abnégation, d'énergie et
« de résolution, soit dans les bombardements, soit en formant des
« compagnies de francs-tireurs, auxiliaires, etc., etc., qui toujours
« coopéraient aux sorties de la garnison ;

« Que la place avait encore un matériel intact et des munitions
« suffisantes, de l'aveu même du commandant supérieur ;

« Considérant que, nonobstant ces conditions exceptionnelles
« d'une bonne défense, le commandant supérieur a provoqué avec
« l'ennemi une négociation qui devait entraîner la chute de la
« place, alors qu'aucun travail de siége n'avait été commencé [2] ;

« Que contrairement à l'article 255 du décret du 13 octobre 1863,
« il a prêté l'oreille aux rapports de l'ennemi, intéressé à grossir
« ses forces pour l'intimider ;

« Que les considérations présentées par le général Guérin de
« Waldersbach, pour justifier ces communications, n'ont aucune
« valeur, attendu que le devoir d'un commandant de place est de
« défendre jusqu'à la dernière extrémité le poste qui lui a été
« confié ;

« Que sans doute en faisant insérer dans la capitulation les ar-
« ticles 1 et 4 proposés par le général de Moltke, et par suite des-

---

[1] La possession de la côte Saint-Michel permettait aux officiers prussiens de reconnaître le périmètre de la place. L'armistice ne leur a pas procuré un avantage
qui leur était donné par la disposition du terrain.

[2] Le conseil entend, par travail de siége, la construction des batteries de tir et
l'ouverture de la parallèle.

« quels la place de Verdun, avec tout son matériel de guerre, ses
« munitions et ses approvisionnements, devait faire retour à la
« France, à la signature de la paix, le commandant supérieur a
« manifesté de bons sentiments, mais qu'il n'appartient pas à un
« commandant de place de prévoir les conséquences d'une guerre
« et les conditions d'un traité qui peuvent annuler les clauses sti-
« pulées dans une capitulation.

« Le conseil déclare enfin que s'il mérite des éloges pour la pre-
« mière partie de sa défense, le général Guérin de Waldersbach est
« blâmable d'avoir entamé et conclu avec l'ennemi des négociations
« qui ont amené la chute de la place, sans qu'elle se trouvât dans
« le cas prévu par l'article 254 du décret du 13 octobre 1863. »

L'article 254 n'autorise l'assiégé à capituler qu'après avoir
repoussé un assaut donné au corps de place sur une brèche pra-
ticable.

On voit par l'un des considérants du conseil d'enquête que le
général Guérin de Waldersbach a été assez fier, assez chevaleres-
que pour dédaigner le partage des responsabilités que comportait
sa résolution. Cependant les instances des notables n'ont pas été
étrangères aux déterminations du commandant de Verdun. Le 8 novembre, aussitôt que la reddition fut enfin consentie par le général
de Waldersbach, le conseil municipal de la cité qu'il renonçait
à défendre lui vota par acclamation l'adresse suivante :

« Vous avez été ému de nos souffrances et vous avez voulu
« nous en épargner de plus affreuses encore. Vous avez voulu ré-
« fléchir qu'aujourd'hui, dans les sièges, c'est la population civile
« qui est surtout victime de la guerre, car c'est principalement sur
« elle que frappent les coups de l'ennemi. La ville de Verdun, do-
« minée de tous côtés par une ceinture de hauteurs derrière
« laquelle l'ennemi la foudroie tout en restant à l'abri, est plus que
« toute autre menacée de la ruine. Vous n'avez pas voulu la con-
« damner à un quatrième bombardement dans lequel elle aurait
« péri tout entière, sans autre résultat que de retarder de quelques
« heures seulement l'amer sacrifice que nous venons d'accomplir.
« Vous lui avez peut-être épargné les horreurs d'un pillage ou pis
« encore. Vous lui avez fait un sacrifice dont elle ne saurait vous
« être trop reconnaissante, et votre nom sera pieusement conservé
« dans le souvenir de nos enfants comme celui du sauveur de
« leurs pères.

« Votre honneur militaire avait grandi par les épreuves que vous
« avez si vaillamment supportées. Il tire un nouveau lustre des

« sentiments d'humanité dont vous venez de faire preuve. Au cou-
« rage du soldat vous avez joint l'abnégation et la bonté de cœur
« qui font le grand citoyen. »

Depuis cette époque, les habitants de Verdun ont obtenu du
ministre de la guerre quatre canons d'honneur en commémoration
de leur glorieuse défense.

Paris. — Imprimerie de J. DUMAINE, rue Christine, 2.

www.ingramcontent.com/pod-product-compliance
Lightning Source LLC
Chambersburg PA
CBHW070927280326
41934CB00009B/1772